Japanese
Made
Integrated 統合型
Resort リゾート &
CASINOを識って
100倍楽しむ方法

大岩根 成悦
MASAYOSHI OIWANE

日本に統合型リゾートIR&カジノがやってくる
時代を先取りして写真で世界のIR&カジノを旅しよう

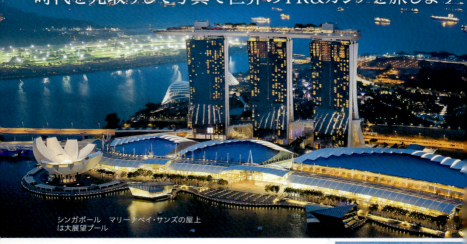

シンガポール　マリーナベイ・サンズの屋上は大展望プール

一流のアート！ショー！ファンタジーな街

世界の一流アーティストの作品やパフォーマンスが、手に取るような目前で繰り広げられ、とてもエキサイティング。幻想的に輝く異次元の街に魅了されてしまいます。

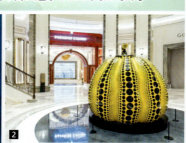

1 米・ラスベガス　一流アーティストのショーが見逃せない　2 韓国　パラダイスシティには草間弥生氏の作品
3 米・ラスベガス　フレモント・ストーリーでは光のショー　4 韓国　パラダイスシティのペガサスが幸運を運んでくる
5 米・ラスベガス　ザ・ミラージュのイルカに会える動物園

アトラクションのスケールもケタ外れ

すべてを忘れて、ただ遊ぶことだけを考えてください。
初体験のアトラクションに挑戦してリフレッシュ。
感動に笑って、泣いて、思い出づくりが一杯できます。

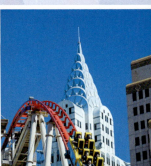

米・ラスベガス　絶叫マシンの宝庫ラスベガス　地上350mのタワーから突き出したコースター

1 米・ラスベガス　サーカスサーカスの屋内遊園地　2 米・ラスベガス　ザ・ヴェネチアンにはゴンドラが浮かぶ
3 韓国　パラダイスシティのキッズが歓声を上げる屋内遊園地　4 米・ラスベガス　ザ・ミラージュではイルカと触れ合える
5 米・ラスベガス　ニューヨークニューヨークの摩天楼を駆け抜けるジェットコースター

リゾートスタイルのカジノで気軽にプレー

カジノデビューなら、ゆっくりスタートしたいもの。
デイタイムはビーチで、ナイトタイムはカジノに。
ちょっとドレスアップして出かけるのも素敵です。

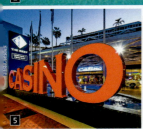

1 ニュージーランド　天井が高く開放的なカジノがスカイシティ　**2** ニューカレドニア　珊瑚礁の海岸散歩でツキが回ってきそう
3 ニュージーランド　スカイシティのバフェはフレンドリーなスタッフとラム料理が嬉しい　**4** フィリピン　ウォーターフロントセブ
シティホテルはロビーもゆったり　**5** オーストラリア　ケアンズ　ザリーフホテル・カジノは五つ星ホテル　**6** ニュージーランド
スカイシティでのプレーはリラックスして　**7** サイパン　島に佇む中世の古城を模したインペリアルパレスサイパン

ファミリーで楽しめるリゾート

世界一の水族館。世界一のショー。
ここには世界一の遊びがいっぱいです。
一度は行ってみないと。

シンガポール リゾート・ワールド・セントーサ
の水族館はテーブルに魚が迫ってくる

1 米・ラスベガス　ベーラージオのグラマラスな噴水ショー　**2** 韓国　パラダイスシティのスパは広く明るい一年中快適なコンディション　**3** 米・ラスベガス　街がまるごとテーマパーク　**4** 韓国　パラダイスシティのキッズ専用ゴーカートが大人気　**5** 韓国　パラダイスシティの家族でわいわい好きな料理が選べるバフェ　**6** 米・ラスベガス　シャーク・リーフは北米唯一のサメ中心の水族館

韓国 パラダイスシティは空港近くに開発された統合型リゾート

ハイリターンとスリルの本格カジノ

カジノディーラーの手さばきの美しいこと。
そのリードでゲームをしてみましょう。
ゲーム場の広さと熱気に圧倒されながらも、
ゲームの勘をつかんでいるはず。

1 米・ラスベガス　パリスのシンボルはエッフェル塔　**2** 米・ラスベガス　ネバダ州ラスベガス入口のサイン　**3** 韓国　パラダイスシティ　カジノ隣接のおしゃれなバー　**4** 世界で最も人気のあるブラックジャック　**5** 韓国　パラダイスシティのバカラ　**6** マカオ　ギャラクシー・マカオの先が見渡せない広大なカジノ　**7** フィリピン　ウォーターフロントセブシティホテルの外観は王宮

本気でカジノにチャレンジする

さあ、いよいよカジノでエキサイトです。慎重に、大胆に、運を味方につけてプレーしましょう。24時間いつでもあなたを待っているのがカジノです。

韓国 パラダイスシティのカジノルームには世界中から来るプレーヤーで24時間の賑わいが絶えない

1 米・ラスベガス プレーヤーの高揚した息づかいが夜を忘れた街にみなぎる **2** 韓国 パラダイスシティ スナックにはフルーツも女性客には人気 **3** 韓国 パラダイスシティ カジノは大人の女性客も安心してプレーができる **4** カジノの王様 バカラ **5** マカオ ギャラクシー・マカオ 爆音と閃光、ほとばしる水しぶきのフォーチュンダイアモンド **6** シンガポール リゾート・ワールド・セントーサのプレーヤーの熱気が外にまで溢れ出すカジノルーム **7** カジノの女王 ルーレット

ニューカレドニア　天国にいちばん近い島の
珊瑚礁の白い砂浜を二人で歩く

ウエディングの感動シーンはカジノホテル

碧く輝くビーチに白亜のチャペル。
カジノホテルのウエディングなら楽しみも倍増。
日本に無い大規模の国際会議場や見本市で、
世界最先端のものに出会えます。

1 ニューカレドニア　ル・メリディアンのチャペル　**2** マカオ　ホテルオークラ・マカオの機能的な会議室　**3** 米・ラスベガス
　最先端医療から車、食品まで新商品の展示会場　**4** マカオ　グランドハイアット・マカオの収容人数を世界に誇る国際会議場
5 マカオ　ギャラクシーのキャパシティが大きいシアター

前 書 き

　日本にカジノを含むＩＲ・統合型リゾートの法案が可決されて、世界に大きなムーブメントが興りました。

　2020年代半ばには国内最大３ヵ所で、これまでにない大規模開発が着工し、ＩＲが開業する予定です。

　ＩＲ構想を経済的に牽引していくのは、これまでの日本に認められなかったカジノです。世界中のＩＲ運営企業からは、日本はカジノのラストフロンティアと呼ばれています。国内外企業との連携で大規模開発が始動します。

　国内経済活性と雇用促進の具現化をする一員として、世界のＩＲとカジノに足を運び、この目で経験した数々の知識を皆さまにお伝えします。

　この本で皆さまがＩＲとカジノをより身近に感じ、訪れていただくことで、近い将来が今よりもっと楽しく、輝いて充実してくることを願います。

　　　　　大岩根 成悦

Japanese Made IR & CASINO を識って
100倍楽しむ方法

日本に統合型リゾートIR&カジノがやってくる
時代を先取りして写真で世界のIR&カジノを旅しよう ⋯ 2

前書き ⋯⋯⋯⋯⋯⋯⋯⋯ 9

序章 ⋯⋯⋯⋯⋯⋯⋯⋯ 13

第1章 日本型IR・カジノ法の黎明期 ⋯⋯⋯⋯⋯⋯⋯⋯ 14

日本型IRを簡単に言うと？カジノ法を簡単に言うと？ ⋯ 15

日本型IR構想・カジノ法可決と稼働し始めた理由 ⋯ 17

IRは日本全国観光のショーケース クールジャパンの世界進出⋯ 22

日本IRに義務付けられたMICEとは ⋯ 24

後発隊日本型IRがアジア市場で勝つためには
オリジナリティが必要 ⋯ 26

第2章 日本IR創設に国民の税金を使わせない ⋯ 27

日本型IRが実現したら生活が変わるのか ⋯⋯ 28

民間投資額は1兆円超え 夢の開拓地 ⋯⋯ 30

日本型IRのエンジンCASINOの収益還元 ⋯⋯ 32

第3章 日本のIR法 誕生まで ⋯⋯⋯⋯⋯⋯⋯⋯ 34

カジノ法案成立に17年 馴染みが薄いカジノ ⋯⋯ 35

明らかにされたIR構想の基本方針案 ⋯⋯ 41

第4章 日本経済に及ぼすIR
3大メリット＋1とデメリットへの対応 ⋯⋯ 42

待ったなしの観光開発と莫大な経済効果
やっと始まった民間整備事業 ⋯⋯ 43

Iのメリット カジノ収益が自国に還元される ⋯⋯ 46

IIのメリット 大規模開発が大量の雇用を生む ⋯⋯ 47

IIIのメリット IRという複合施設による地域活性化 ⋯⋯ 48

＋1のメリット　法的面でのメリット　違法賭博場の減衰 … 49
依存症などのデメリットに万全の対策
日本が誇る水際作戦　　　　　　　　　　　　…… 51

第5章　国内3地域限定に出現する
　　　　大規模ＩＲの候補地　　　　　………… 53

ＩＲ法について　　　　　　　　………… 54
ＩＲ誘致に動く地方自治体　　　　………… 56

第6章　世界のカジノ界に見る経営スタイルの変貌
　　　　カジノシーンが魅力のシネマ　　………… 60

カジノ発祥と歴史　　　　　　　　………… 61
アメリカ43州に979のカジノが
経営スタイル変貌を遂げて成功した　　………… 62
ヨーロッパ貴族の社交場が原点
依然として厳格なカジノ規制　　　　………… 66
アジアの急速なカジノ展開
中国人の財力が大きく影響　　　　　………… 70

第7章　ターゲットは日本！
　　　　進出を狙う世界のＩＲ＆カジノカンパニー …… 76

ラスベガス・サンズ　…… 77
MGMリゾーツ・
インターナショナル　…… 80
ハードロック・
インターナショナル　…… 83
ウィン・リゾーツ　…… 85
バリエール　…… 87
メルコリゾーツ＆エンターテ
インメント　　　…… 90

ギャラクシー・エンター
テインメント・グループ … 93
ゲンティン・グループ　… 96
ブルームベリー・リゾーツ … 98
クラウンリゾーツ
リミテッド　　　 …100
セガサミー
ホールディングス　 …103
ユニバーサル
エンターテインメント　…104
ベスト・ワン　　 …105

2019年日本上陸作戦を開始した企業の本拠地と進出先 …106

第8章 世界のＩＲ＆カジノを目的ごとに満喫する ⋯⋯ 108

一流アーティストのショーをエンジョイしたい	⋯⋯ 110
リゾートスタイルのカジノで気軽にプレーしたい	⋯⋯ 116
ハイリターンとスリルの本格カジノを味わいたい	⋯⋯ 120
ファミリーでリゾート・テーマパークを満喫したい	⋯⋯ 129
ウエディングもできるリゾートカジノ	⋯⋯ 135
コンベンションホールなどが充実しているＩＲ	⋯⋯ 138

第9章 日本型ＩＲ＆カジノ成功の鍵は人財 ⋯⋯ 140

カジノディーラーの日本流人材教育が 世界一の日本型ＩＲにする成功の鍵	⋯⋯ 141
すでに管理職の育成も開始 スキルを修得したら高待遇で働ける	⋯⋯ 143
活況なアジアのＩＲ開発 トレンド産業の主役はカジノディーラー	⋯⋯ 144
How to be a dealer Question&Answer！	⋯⋯ 146

第10章 カジノファン必見！
カジノのルールと7つの心得を伝授 ⋯⋯ 154

カジノにある主なゲームの種類	⋯⋯ 156
ゲームの基本 How to Play ルーレット ブラックジャック バカラ 大小	⋯⋯ 158
ギャンブラー7つの心得	⋯⋯ 166
CASINO CAFE へようこそ	⋯⋯ 168

後書き	⋯⋯ 171
プロフィール	⋯⋯ 172
日本カジノスクール 国際ゲーミング学科 ガイド	⋯⋯ 174

序　章

日本のIR構想はこうだ！
Mr.Masayoshi Oiwaneが描く
Japanese Made IR

日本の統合型リゾートIRは
世界一の街づくりを
国民の税金を1円も使わない
民間が100%支出で行なう政策なのです。

世界で観たこともない、究極のIRが
2025年頃には日本に誕生するのです。
今から楽しみで、しかたありません。

第1章
日本型IR・カジノ法の黎明期

日本型IRを簡単に言うと？
カジノ法を簡単に言うと？

　ＩＲ『アイアール』という耳なれない言葉を聞くようになったのは、2018年7月20日「特定複合観光施設区域整備法」の通称「ＩＲ法、又はカジノ法」が国会で可決成立した頃からでしょう。

　Integrated（統合型）Resort（リゾート地）を意味するＩＲを通称カジノ法というのは、日本の観光施設展開に、初めて公営ギャンブル以外に「カジノ」開設が法的に認められたからです。

　統合型リゾートを軸にした日本型ＩＲは、カジノ施設を中心にホテル・旅館、ショッピングモール、飲食店、スポーツ施設、劇場、アミューズメント施設、温泉・スパ、国際会議場、国際展示場、美術館、博物館などを有した、これまでにない大規模の複合観光施設です。

　なお、ＩＲは全国で最大3地域に開設。そのうちカジノ面積はＩＲ総床面積の3％以内とされています。
　ＩＲ構想が現実的なものとなり、地方自治体やＩＲ関係事業者は慌ただしく活気を呈しています。国内外から巨額の誘致関連予算の噂を耳にするようにもなりました。

日本型ＩＲ
カジノを含む統合型リゾート
予想される施設

国際展示場

国際会議場

ホテル・旅館

カジノ

遊園地

ショッピングモール

アート関連施設

アミューズメント施設

スポーツ施設

温泉・スパ

飲食店

日本型ＩＲ構想・カジノ法
可決と稼働し始めた理由

　こうした大規模施設が民間企業の主導で開発するのが、これからの日本経済が進むべき方向性の一つとして大きな意味を持ちます。

　しかし、複合施設の開発はされても集客力を考えると、期待する収益を得られそうにもありません。そこでカジノの集客と収益が他の施設に高い相乗効果をもたらすと予想され、大きな要点となっています。

　これまでも日本は競輪・競馬・競艇・オートレースの公営ギャンブルや宝くじ・toto などに関して規制を設けて厳しく管理されています。そこに新たにカジノ法が可決した理由は、今後確実に訪れる少子高齢化や人口減少に伴う日本経済の落ち込みに、国民が切実な危機感を抱いているからです。

　その打開策の一つとして、訪日外国人数とそれに伴う観光消費を拡大し、「観光立国」を実現しようと、大きく前進の一歩を踏み出しました。

では、日本でのＩＲはどのようなものができるのでしょうか。
政府はＩＲ整備の意義と目標については次のようにしています。

【政府が公布した法案の概要】

政府は 2018 年 7 月 20 日「特定複合観光施設区域整備法」（通称：ＩＲ法又はカジノ法）を国会で可決成立させました。この目的は、訪日外国人数とそれに伴う観光消費を拡大し、「観光立国」を実現するためです。

【　意　義　】

・国際的なＭＩＣＥビジネスを展開し、日本の魅力を発信して世界中から観光客を集め、来訪客を国内各地に送り出すことにより、「国際競争力の高い魅力ある滞在型観光」を実現。

【　目　標　】

・我が国におけるＭＩＣＥ開催件数の増加。

・2030 年に訪日外国人旅行者数を 6,000 万人、消費額を 15 兆円とする政府目標達成の後押し。

・訪日外国人旅行者の国内各地の観光地への訪問の増加。

また、ＩＲの認定基準項目として次のように定めています。

【 国際競争力の高い魅力ある滞在型観光の実現 】

（1）ＩＲ区域全体

- コンセプトが明確で優れていること。
- 建築物のデザインが地域の新たな象徴となりうるものであること。
- これまでにないスケールを持つこと。
- ユニバーサルデザイン等の観点から世界の最先端であること。

（2）ＭＩＣＥ施設

- ＭＩＣＥビジネスの国際競争力の向上に十分なスケールを持つこと。
- 重要な国際会議等に対応できる、優れたクオリティを持つこと。

（3）魅力増進施設

- 日本の魅力をこれまでにないクオリティで発信すること。

(4) 送客施設

・各地の観光魅力を伝えるショーケース機能を持つこと。
・旅行サービスの手配を一元的に行うコンシェルジュ機能を持つこと。

(5) 宿泊施設

・客室の広さ・構成・設備が国際競争力を有し、サービスの質が高いこと。

(6) その他施設

・国際競争力と高いクオリティを持ち、幅広い人々が楽しめること。

(7) カジノ施設

・ＩＲ全体のコンセプトと調和し、他の施設とバランスがとれていること。

(8) ＩＲ区域が整備される地域、関連する施策等

・国内外の主要都市との交通の利便性に優れていること。
・交通アクセス改善やインフラ整備等の施策が効果的であること。

IR に設ける全国の観光誘客コンシェルジュ機能

　ここで、日本のIR独自の施設として前述の認定基準の（3）日本の魅力をこれまでにないクオリティで発信する魅力増進施設と（4）各地の観光魅力を伝えるショーケース機能を持ち、旅行サービスの手配を一元的に行うコンシェルジュ機能を持たせる送客施設が挙げられます。

　IRに行けば日本各地域の観光の魅力的要素が一目瞭然でわかり、そこで旅行の手配もできることになり、IRを訪れた人を、日本全体に観光客を送客する機能を持つことになるでしょう。

IRは日本全国観光のショーケース
クールジャパンの世界進出

経済大国ニッポンと観光産業

日本は現在、世界第3位を誇る経済大国ですが、2030年にはアメリカ、中国、インドに次いで第4位に下がると予測されています。

少子高齢化時代を迎え、これまで日本の発展を支えてきた「モノづくり」だけでは経済が立ち行かず、新たな産業が必要なのです。

2018年の訪日外国人数は3,119万人で過去最高となり、年々増加していますが、諸外国と比較すると世界11位、アジアでは4位(2018年日本政府観光局発表)となっています。

そこで、まだまだ伸びしろのある「観光産業」を発展させる、それがIR政策なのです。

旅行業界のクールジャパン作戦

　政府は2020年までに訪日外国人数を4,000万人へ、2030年には6,000万人に増加させ、消費額を15兆円にする数値目標を発表しています。

　増加する訪日外国人旅行者による国内各地への訪問で、日本の文化や日本のコンテンツを各自の視点で自国に持ち帰る人が増えます。画像、動画など誰でもすぐわかる情報にして、メディア配信のスピードアップにより、瞬時に世界に拡散していきます。これは「モノ」の海外輸出と同じ効果であり、「クールジャパン」の世界進出を果たすことになるのです。

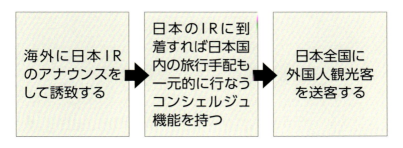

単純に羅列しただけでも新ビジネスモデルがつくれそうです。

日本ⅠRに義務付けられた
MICEとは

国際的な MICE ビジネス

　日本のＩＲ法には MICE 施設の設置を義務づけています。
MICE とは

M eeting（会議・研修・セミナー）

I ncentive tour（報奨・招待旅行）

C onvention またはConference（大会・学会・国際会議）

E xhibition（展示会）

　これらを開催できる複合的な施設を有することで、カジノ
客や観光客だけでなく、ビジネス層も多く誘致できるのです。

　1990 年の日本では、国際会議開催件数が世界２位。ア
ジアでの国際会議の約 5 割が日本で開催されていました。
　しかしその 28 年後には、日本での国際会議の開催件数は
世界 7 位まで落ち込みました。

日本での国際会議規模と将来性

　私が MICE という言葉を初めて耳にしたのは、2008 年にラスベガス・サンズ社のオーナー、シェルドン・アデルソン氏にインタビューした時でした。ラスベガス・サンズ社は、その頃すでにマカオとシンガポールのＩＲにともなう MICE 開発を行なっていました。

　日本で開催した国際会議の回数は、アジアでは１位（2018 年国際会議協会発表）となっていますが、それらの規模はどうだったのでしょうか。国際会議の収容力では、国内最大規模の「パシフィコ横浜」が約１万 2,500 人で、シンガポールのＩＲ「マリーナベイ・サンズ」の約３万 1,000 人と比較すると、半分にも及んでいません。

　これは、他国では展示会場や国際会議場の大規模化と、インフラ整備が進んでいるのに対し、日本が相当な遅れをとっているからです。

　日本が抱えるこれらの問題点を、MICE を含むＩＲ構想の具現化によって再興できると期待しているのです。

後発隊日本型ＩＲがアジア市場で
勝つためにはオリジナリティが必要！

輝く日本の文化と感受性

　すでに先行して事業が進んでいるマカオ、シンガポール、フィリピン、韓国などのアジア諸国とインバウンド（訪日外国人観光客）の勝負をしなければならない時に直面しているのです。

　それには世界に誇る日本独自のホスピタリティとセンスを取り入れ、オリジナリティあふれる構想にするのが重要です。

　建築群は抜群のハイクオリティに間違いありません。斬新なデザインを追求するかつてのザハ・ハディッドのような方や日本建築の機能性と意匠をモダンに融合させる隈研吾氏、伊東豊雄氏、光井純氏など世界に著名な建築デザイナーの起用になることでしょう。日本の新たなランドマーク創設は、レベルが高く世界に類を見ない施設になると予想しています。

　クールジャパンのイメージを前面に出して、文化面では日本独自の花札のようなカジノのゲームや、歌舞伎、能狂言などの伝統的な舞台、日本のポップカルチャー、アニメーションが楽しめる施設などの複合施設を利用したコンテンツビジネスを、いかに構築するかが開発事業者に委ねられます。

第2章

日本IR創設に国民の税金を使わせない

日本型IRが実現したら
生活が変わるのか

日本型 IR の「概要と規模」

「いったい日本に誕生するIRとは、どんなものですか」と聞かれたら、こうお答えします。

◆これまでの日本にない

◆ 24 時間どこかが稼働している

◆異次元が楽しめる非日常体験

◆大規模で新しい街の出現

と、想像してもらえればよいでしょう。

例えば広さなら、
大阪でIR誘致用として用意した土地は、70 ヘクタールの東京ドーム 15 個分。
横浜でIR誘致用として用意した土地は、47 ヘクタールの東京ドーム 10 個分。
いずれも大規模です。

第 2 章　日本 I R 創設に国民の税金を使わせない

観光消費のの拡大

クールジャパンの世界進出

建設 運営による
雇用の拡大
大規模開発による建築、インフラ整備に関わる雇用。運営に際してのハード・ソフト面の雇用

観光・レジャーによる
地域経済の活性化
訪日する外国人が発信する日本文化の情報が、次のインバウンドへと結びつき、地方経済が活発になる

日本型 I R 効果

カジノ収益が
自国に還元される
初めてのカジノ導入で、自治体の税収入もこれまでになく莫大になると見込まれ、地元に還元される

ナイトタイム
エコノミーの推進
I R によってこれまで人が活動をしなかった夜間にも営業する施設が日常化して、新しい経済効果が生まれる

民間投資額は１兆円超え
夢の開拓地

国民の税金を使わず施設建設の資金はどこから？

　日本の展示会場総面積は世界 14 位、アジア 3 位、1 ヵ所での大規模展示施設面積にすると日本最大の東京「ビックサイト」でさえ世界 78 位、アジア 22 位と、経済規模からするとあまりにも小さいといえます。

	世界	アジア
日本での国際会議の開催件数 （2018 年国際会議協会発表）	7 位	1 位
日本の展示会場総面積	14 位	3 位
1 ヵ所での大規模展示施設面積 （2019 年日本展示会協会発表）	78 位	22 位

　ＩＲにより展示会場および国際会議場の大規模化やインフラ整備を進めて、他国との競争に勝ち抜くことができるのです。

　しかも特筆すべきは、このような世界を圧巻するランドマーク的な施設を、税から１円も支出する負担がなく大規模な民間投資によってつくり上げ、運営することを目指しています。

日本のＩＲはカジノのラストフロンティアだ

　世界トップクラスのカジノ運営者がこう言っています。

　「日本のＩＲはカジノのラストフロンティアだ」

　これは、先進国でカジノ非合法は日本のみでしたが、ついに合法化したにほかならないからです。

　投資額は世界最大規模の１兆円を超え、今までに見たことのない斬新なリゾートデザインの街が出現するでしょう。

　カジノ施設単体でも収益を上げることはもちろん可能ですが、他の関連施設との複合化による相乗効果で、さらに高い収益と経済の活性化を生み出すこともできます。

　その例として、ホテルやレストランの宿泊・飲食施設、MICE 施設、ショッピングエリアや他エンターテインメント、アミューズメント施設を設けることで、カジノ以外のレジャーの選択肢を多くし、幅広い顧客層を獲得できるようにしているのです。

日本型ＩＲのエンジン
CASINO（カジノ）の収益還元

カジノは IR のエンジン

　ＩＲの中にはカジノがそのエンジン役として存在します。

　カジノがエンジンと言われるのは、その収益が税やＩＲ全体の運営費に還元されるからです。

　おそらく、日本でのカジノは世界最大クラスとなるでしょう。現在、世界一のカジノ売上を誇るのはマカオ。その次がアメリカ・ラスベガスストリップ、続いてシンガポールです。

　日本に３ヵ所のカジノができれば、アジアにおいてはマカオに次ぐ売上規模になると予測されています。

世界のカジノ売上　（2018 年）

順位	国　都市名	金額
１位	マカオ	約４兆７００億円
２位	米・ラスベガスストリップ	約７,１００億円
３位	シンガポール	約５,４００億円

「ナイトタイムエコノミー」の促進

　大規模施設の日本ＩＲ運営を持続するには、カジノが必要不可欠。カジノはエンターテインメント性を兼ね備えた集客力のある施設で、真の力は、なんといってもその収益力です。24時間型のカジノを備えたＩＲでは、深夜に海外から到着した訪日外国人を時間に関係なく受け入れることもでき、高揚した気分で24時間の消費活動が行われるのです。

　私も海外に深夜に到着した際は、カジノ併設のホテルへチェックインし、そのままカジノを楽しんでいました。カジノ併設ホテルは、カジノの手配で時間も気にせずチェックインも24時間できるのは当たり前の光景です。

　ＩＲはカジノを核に数多くの業種と施設が24時間稼働します。特に夜のショーやエンターテインメントも、これまでにない規模で運営され、充実します。この結果、夜間に行なわれる様々な活動が文化の輪を広げ、経済活動が活性化され、「ナイトタイムエコノミー」が促進されるのです。

第 3 章

日本のIR法 誕生まで

カジノ法案成立に17年
馴染みが薄いカジノ

　2019年9月に公開された映画「記憶にございません！」で話題を集めたのが「記憶にございません！」という俳優の中井貴一扮する総理大臣の言葉。

　実はこのフレーズは1976年に田中角栄元首相が逮捕・起訴されたロッキード事件の国会証人喚問で答弁に立った国際興業の小佐野賢治社主がこの言葉だけを繰り返し発したものでした。

　この小佐野社主は、ある政治家がラスベガス・カジノのギャンブルで数億円を負けた肩代わりをしたことが当時、大きな話題となったのです。

　当時の日本国民にとってカジノは、はるか遠い国の巨額の金が動く場所で、手が届かない存在だったのではないでしょうか。

　世界130以上の国と地域で認可されているカジノですが、日本においては、自民党内で2001年にカジノの勉強会がスタートし、法案成立まで17年という長い年月を要したのも、カジノが馴染みが薄かったからと言えます。

21世紀に向けた都政活性化
石原元都知事アイデア

　カジノが日本で注目されたきっかけは、東京都を国際都市に位置づけるために1999年、当時の石原慎太郎都知事が一期目の選挙公約として「お台場カジノ構想」を掲げたことにほかなりません。その後、追随するように国会議員や、地方自治体で検討会が立ち上がり、本格的な動きが始まったのです。

　石原知事は都庁内にカジノ体験コーナーを設置するなどパフォーマンスを展開しましたが、カジノ構想は第一に国による法整備が不可欠で、東京都の地方条例による制定では不可能だったことから、大きなうねりとなる前に収束しました。

　しかし、時同じく自民党の国会議員有志が「公営カジノを考える会」を発足し、ジワリと浸透。やがて活動の源となる「カジノと国際観光産業を考える議員連盟」に名を変えて動き出します。

　2003年、国内各地で「カジノ創設サミット」が開催され始めました。2005年はカジノに関心を持つ東京、神奈川、静岡、大阪、和歌山、宮崎の6都府県に「地方自治体カジノ研究会」が発足。地方自治体で調査研究が進みました。2006年自民党は政務調査会に「カジノ・エンターテインメント検討小委員会」を発足。カジノ合法化の検討が始まります。

政権交代が法案成立に拍車
すべてが選挙結果で動く日本

　2007年の参院選で自民党が大敗した結果、過半数割れになり「ねじれ国会」を引き起こしてしまいます。

　2009年の衆議院選挙で自民党が敗北。自民党政権が民主党に移った歴史的な年になりました。

　そんな中、2010年に複数の政党が集まった超党派議員連盟74名による「国際観光産業振興議員連盟」（民主党・古賀一成会長）が設立されました。これがカジノ合法化について与野党を問わず一致して考えるきっかけになりました。

　この議連は、警察庁、法務省、国土交通省、金融庁、経済産業省など各省庁へのヒアリングを行うなど、活動を活発化させ、古賀会長私案として、カジノ合法化と統合型リゾートを推進する「国際競争力のある滞在型観光と地域経済の振興を実現するための特定複合観光施設区域整備法案」を提示しました。

　さらに、議連は2011年8月に「特定複合観光施設区域の整備の推進に関する法律案」通称「IR推進法案」をとりまとめ公表しました。この法案は、カジノリゾートの設置を即すための基本的な考え方や理念、期日等を定めた「推進法」で、この法案の可決後、2年以内をめどに施行法が立法化されるという内容でした。

度々の政権変更と
未曾有の東日本大震災

　2011年3月には、2万人以上の犠牲者を出した未曾有の大災害「東日本大震災」が起こり、国民総出による被災地救済が始まりました。

　後手後手となった民主党による政界は大混乱を招き、2012年の衆議院選では自民党が圧勝しました。

　これで議決の潮目が一変します。政権交代を受けてIR議連は改組され、自民党の細田博之元内閣官房長官が会長に就任しました。

　一早く動いたのは日本維新の会で「日本維新の会IR議員連盟」（会長・小沢鋭仁元環境相）を発足させ、2013年1月からの通常国会で衆議院に、党独自の議員立法として「特定複合観光施設区域の整備の推進に関する法律案」を提出しました。しかし、国会では一度も審議されず、10月までの国会閉会中審査となりました。

　11月に自民党総務会がこれを了承し、党議決定にこぎつけ、2013年10月からの臨時国会で、自民党、日本維新の会、生活の党などが衆議院に議員立法として「特定複合観光施設区域の整備の推進に関する法律案」を提出しました。

いよいよIR構想に向けて
政府の舵が切られた

　2014年に入って寺島実郎・日本総合研究所理事長を委員長とした民間の有識者等による「IR推進協議会設立準備委員会」が発足しました。

　この年の5月、安倍晋三首相はシンガポールのIRを視察。これがカジノ合法化を大きく後押しして、衆議院内閣委員会で「IR推進法案」の審議が始まるのです。11月、衆議院解散に伴いIR推進法案は一旦廃案となりますが、2015年1月からの通常国会で、自民党、維新の党、次世代の党が衆議院に議員立法として「特定複合観光施設区域の整備の推進に関する法律案」を提出しました。

　2016年12月15日「IR推進法案」が可決し、11日後の2016年12月26日に公布、施行されました。難産の末に、ようやく生まれた「IR推進法案」でした。

　自民党は2017年10月の衆議員選挙に向けて慌ただしく動き、2017年3月に政府内に「IR整備推進本部」（本部長・安倍晋三首相）を設置します。

　4月には有識者8人による「特定複合観光施設区域整備推進会議」を設けて10回にわたる検討会を繰り返すことになりました。

10月の選挙結果は、公約の経済再生の一つとしてＩＲ推進（カジノ合法化）を揚げた自民党が圧勝し、公明党との連立与党が議席3分の2を確保し、国民の信認を得られたと判断がくだりました。

　2018年4月に政府は「ＩＲ整備法案（カジノ実施法）」を閣議決定し、国会に提出、7月20日に参議院本会議で「ＩＲ整備法」が可決されました。山あり谷ありと迷走してきたカジノ合法化が成立。26日には「特定複合観光施設区域整備法」が公布されました。

　ここに到達するまでには、長い時間を経過しました。一番印象的だったのは、これより前の2016年の国会開催最終日、12月15日の深夜1時30分過ぎのこと。電話を受けて聞いたのは「ＩＲ推進法（ＩＲを推進するため、国に対し施行後1年以内を目途に法制上の措置を講ずるという法律）が国会で可決しました」。

　———これが確実に国内でのカジノ開設が進んでいくと、実感した瞬間でした。

明らかにされた
ＩＲ構想の基本方針案

　2019 年 9 月、国土交通省は統合型リゾート整備についての基本方針案を公に発表しました。これはカジノ誘致を目指す各自治体に対して、申請する区域整備計画の認定審査基準 5 項目が示されたものです。

ＩＲ構想の基本方針案

1	施設の質や広さ、デザインなどを考慮した国際競争力の高い滞在型観光の実現
2	それに伴う経済的社会的効果
3	事業運営の能力や財政面の安定などの体制
4	カジノでの収益の活用
5	カジノ施設による有害な影響の排除

　これらを満たす整備計画を要綱として上げています。

第4章

日本経済に及ぼすIR 3大メリット＋1とデメリットへの対応

Outline

待ったなしの観光開発と莫大な経済効果
やっと始まった民間整備事業

プロジェクト進行は待ったなし

　カジノを含めたIR統合型リゾートの日本導入は大きなメリットが存在します。一つは民間投資による観光開発。もう一つは大きな経済効果による雇用創出です。

　日本の今後を考えると、人口の大幅減少と急速に進む少子高齢化の問題は避けて通れない喫緊の課題になっています。

　これを乗り切るために政府は、観光振興政策を前面に打ち出しています。しかし、日本は国際観光で他国に大きく出遅れているのが実情で、観光開発は「待ったなし」の状況まで追い込まれているのです。

Outline

ＩＲ整備導入に国民の税金を使わない

　政府は「明日の日本を支える観光ビジョンで30年までに訪日観光客を6,000万人にすることを目標に掲げています。

　ＩＲの整備導入は国民の税金を使わないで経済対策、都市整備、観光客誘致を実施できる大きなメリットがあるのです。

民間企業の投資で稼働する

　民間投資による観光開発としてＩＲの存在が大きくクローズアップされてきました。ＩＲはカジノを含めたホテル、レストラン、劇場などのアミューズメント施設のほか国際会議場や国際展示場などの観光施設のこと。

　すでに5,000億円から1兆円の投資を表明しているＩＲ運営企業が数社あることはあまり知られていないのではないでしょうか。

第4章　日本経済に及ぼすIR3大メリット+1とデメリットへの対応

Outline

日本が参考にするシンガポール

　2010年に2ヵ所でIRをオープンさせたシンガポールは、日本IRが最も参考にできる例として多くの有識者が示しています。

　開業2年目にはカジノ売り上げが約4,000億円。付随する観光収入は莫大な飛躍的金額となり、開業前に比べ約2倍に増えているという調査結果が出されています。

　これまで採算が取れないといわれてきた国際会議場や展示場などは、カジノの大きな収益があることで、施設全体の運営が円滑に回り、集客力が飛躍的に伸びている現状も見逃せません。

シンガポール　マリーナベイ・サンズ

Merit

Ⅰのメリット カジノ収益が自国に還元される

　日本でも初めての取り組みとなったカジノ開設には、カジノの収益による「税収、財源の確保」を見込んでいます。

　カジノの収益の高さがIRのエンジンと言われるゆえんです。カジノ施設の規模や、設置場所、運営形式によって、実際に上げられる収益が大きく異なるため、一概に金額を割り出すことは難しいのですが、導入当初は予想以上の収益となるケースが多い傾向です。

　実際にマカオやシンガポールでは、関連の税収増により、医療費が免除になったり、国民へボーナスが支給されたりといった事例もあります。

　日本でも公共料金の免除など様々な恩恵を受けることができるでしょう。

第4章　日本経済に及ぼすIR3大メリット+1とデメリットへの対応

Merit

Ⅱのメリット　大規模開発が大量の雇用を生む

シンガポール

　IRを誘致すれば、それにかかわる建設や運営による雇用拡大も大きなメリットです。シンガポールに2010年開業した2ヵ所のIR（統合型リゾート）「マリーナベイ・サンズ」と「リゾート・ワールド・セントーサ」では、直接雇用だけで約2万2,000人の雇用、間接雇用では7万人の雇用創出をしています。

　2017年1月の大阪府調査報告書によると、大阪市・夢洲地区に「マリーナベイ・サンズ」規模のIRを立地した場合、開発により4万1,000人、またIR事業運営による開業後は3万2,000人の雇用創出を見込めるとしています。

47

Merit

Ⅲのメリット　ＩＲという複合施設による地域活性化

　カジノ施設単体でも収益を上げるのはもちろん可能ですが、他の関連施設との複合化による相乗効果で、ビジネス層、ファミリー層をも誘致ができます。これにより、さらに高い収益と経済の活性化を生み出せます。

　MICE施設の国際会議場や展示場を義務づけられている日本型ＩＲ。そこに訪れる海外や国内のビジネス層を取り込み、またそれらのファミリー層も誘致することで地方での滞在型観光開発が生まれ、地域活性化が実現できるのです。

アメリカ　ラスベガス

第 4 章　日本経済に及ぼすIR3大メリット+1とデメリットへの対応

Merit + 1

+1の メリット　法的面でのメリット
違法賭博場の減衰

　そのほかのメリットとして、皆さんへの直接的なメリットではありませんが、違法賭博場の減衰があげられます。

　日本国内でも繁華街を中心に、換金行為を行なっている違法カジノ（通称アングラ）があり、暴力団等の非合法組織の資金源になっていることは、ニュースや新聞などのカジノ摘発事件を通じて一般社会にも知られています。

　警視庁の警察白書統計資料によると、2014年から2018年の5年間にゲーム機器などを使用した賭博事犯の検挙数は、合計333件、押収賭金は5億6,774万円となっています。
　それらの店舗が存在している根本的な原因として、カジノに対するニーズがあることを示唆しています。

Merit + 1

　かつて、米国のギャングで名を馳せたアル・カポネやラッキー・ルチアーノも禁酒法の目をかいくぐり密造酒製造・販売、その後、賭博禁止法の裏で賭博場を開帳し、大きな利益を上げていたのは史実です。

　「法律で決められているから」という理由で摘発・検挙しても、同じ事を繰り返すだけの結果となってしまいます。

　重要なことは、人間本来の欲求の本質にそった対応策をとっていくことです。合法的な賭博場を開設することにより、摘発のリスクを犯してまで、違法賭博場に行きたいと考える人を減らすことができ、結果として合法化以前と比較して違法賭博を原因とする犯罪を減少させることができるのです。

　賭博を法律だけで完全に禁止するには無理があり、このまま「裏の賭博」としてのカジノに、そろそろ終止符を打つべきです。

　闇の資金源にさせるのなら、一度合法的な賭博として認め、そのうえで厳格なコントロールをした方が、賭博の持つマイナス面にもスムーズに対処できるようになります。さらに、収益は税金などの財源にできるのも良いことであるといえます。

Demerit

依存症などのデメリットに万全の対策
日本が誇る水際作戦がスタート

ギャンブル依存 有症率の高い日本人

　デメリットの真っ先に挙げられるのが、ギャンブル依存症問題。有症率がほかの国は1〜2％にとどまっているのに対して、2017年の厚生労働省による日本人のギャンブル依存症の有症率調査では、男性の有症率は6.7％、女性は0.6％で世界水準に比べて非常に高い結果になっています。

　一方、精神科医学の観点から調査方法に疑問を投げかける専門家も多いようです。シンガポールの「ギャンブル依存症対策審議会」調査によると、施設に入場制限を設けるなど万全の対策を講じた2014年には1.2％から0.2％に減少しました。

　自国民のカジノ入場に関して、世界で最も厳格な制度となる日本では「ギャンブル依存症対策基本法案」も可決し、これから本格的な対応がスタートします。

Demerit

マネーロンダリングと反社会的組織介入

　マネーロンダリング対策については、国際的な政府間会合のFATF(金融活動作業部会)の勧告で、カジノは対策が義務づけられる対象施設。国際間の金融の動きを細かく厳しくチェックされます。

　反社会的組織の介入防止は、厳格な背面調査を前提にしたライセンス制度導入により、水際作戦が展開されていきます。

青少年への悪影響と犯罪防止

　青少年のカジノ利用についてはIDカード(マイナンバー利用)の徹底的なチェックで、カジノ入場など青少年への悪影響をほぼ防止できるとしています。

　人口増加による治安の悪化も懸念の一つですが、アメリカ・ラスベガスの犯罪率は全米平均とほぼ同じという調査結果が出ており、カジノが原因で犯罪率が上がるとはいえません。

第5章

国内3地域限定に出現する大規模IRの候補地

ＩＲ法について

国土交通省は 2020 年 3 月までに基本方針を決定、策定の方針。

カジノ施設の設置と運営に関する秩序の維持、安全の確保を図ることが任務のカジノ管理委員会を設置して内閣府の外局に置く。委員長と委員の 5 人が国会の同意を得て選出され、任期は 5 年。
2019 年 7 月には大臣官房カジノ管理委員会設立準備室が設置され、この準備室が発展的に委員会へ移行する。

基本方針と設置 3 ヵ所の地域選定など国土交通省観光庁が策定し IR 推進本部、本部長・安倍晋三首相、副本部長・菅義偉官房長官、赤羽一嘉・国土交通相の決定を経る。

政府は「適切な国の管理のもとで運営される健全なカジノ事業の収益を活用して地域の創意工夫及び民間の活力を生かして特定複合観光施設区域の整備を推進することにより、国際競争力の高い魅力ある滞在型観光を実現するため、必要な事項を定め、もって

観光及び地域経済の振興に寄与するとともに、財政の改善に資することを目的とする」を掲げている。

カジノ規制は、カジノ管理委員会の免許（有効期間3年）を受けてカジノ事業を展開できる。刑法185条（賭博）及び186条（常習賭博及び賭博場開帳等図利）は適用しない。

カジノ事業者には依存防止規定や犯罪収益移転防止規定が義務付けられている。依存症防止の観点から、日本人の入場回数を週3回、連続する28日間で10回に限定する。

マイナンバーカードや公的認証書の提示が義務付けられる。20歳以下や暴力団、入場料未払い者などはカジノ施設への入場は禁止となる。

日本人は入場料6,000円が必要になる。

※2019年9月　特定複合観光施設区域の整備の推進に関する法律案より一部引用

ＩＲ誘致に動く地方自治体

有力な大阪市、横浜市が手を挙げた
第三席を狙う激しい水面下の動き

　ＩＲの設置建設場所は全国で最大３地域に限定されています。国土交通省はＩＲへの期待感として地方自治体やカジノ事業者に求めている建設構想の例でいえば「未体験のゾーン、日本にしかできない体験、誰もが安心して楽しめる」などを条件に上げています。

　現在、申請を表明しているのは、大阪府・大阪市、和歌山県、長崎県、横浜市の４自治体。検討中としているのが東京都、名古屋市の２自治体。

　この中で大阪市は申請のための準備をほぼ完了しており、松井一郎市長は雑誌のインタビューで、夢洲は住民が住んでいないことを最大のポイントにあげ「ＩＲによって、大阪に観光という確固たる柱となる産業を創造したいという思いが第一の理由」と強気です。

　これまで投資を検討中という姿勢を見せてきた某カジノ事業者の、大阪から横浜への舵切りで、横浜が急遽、誘致表明をしたようで、すでに名乗りを上げている各地方自治体間では、どこも水面下の激しい駆け引きが行なわれているもようです。

長崎 和歌山は既存施設との相乗効果に期待
ＩＲ構想老舗の東京は態度保留

　2007 年からＩＲの誘致を積極的に進めており、土地開発など
の費用を要せず、開発が容易というのは長崎県のハウステンボス。
広大な敷地が確保可能で大きなコストダウンを主張しています。

　しかし、福岡市が九州連合を持ち出しており、しばらくの
間は注視が必要です。

　当初からＩＲの誘致を表明しているのが和歌山県。和歌山
マリーナシティを中心にマリンスポーツや海洋レジャー、豊
富な観光資源を生かしたリゾート型ＩＲ。一方、カジノ面に
おいては、仁坂県知事は会見で「ギャンブル依存症が払拭
されるまでカジノ施設への日本人の入場はありえない」と発
言して多くのカジノ関係者を驚かせました。

　東京はお台場構想では交通インフラがネックになっているほか、
東京都知事も誘致を正式には表明していません。かつて、有力
な候補地であった沖縄は新しい知事が表明を断念しています。

　根本的には、カジノ事業者が投資に値するかを細かく調査して
判断するもの。民間事業者の数千億の投資額に、各自治体は
喉から手が出るほどのラブコールを送っているのが現実です。

注目を集めた北海道
知事が誘致見送り

　地方の候補地としてクローズアップされていた北海道。

　釧路市、苫小牧市、留寿都村の3自治体が名乗りを上げていましたが、北海道で一地域に絞るため、札幌市に近く千歳空港に隣接している苫小牧市が最有力となっていました。苫小牧市は2019年10月に、一足早く市議会で誘致を議決している経緯があります。

　統合型リゾート開発を手掛けているカナダやアメリカの不動産ディベロッパーなどが、誘致を前提に事業計画を進めていました。これは、近年の北海道への外国人観光客の傾向は、食品や温泉施設、自然環境目当ても多く、通年集客が安定してきており、事業収益が見込める点にあります。

　アジア人やオーストラリア人は北海道のパウダースノーに憧れてスキー、スノーボードに対して非常に好感を示しており、リゾート型ＩＲの誕生が濃厚でした。

　しかし、2019年11月に北海道の鈴木直道知事は、「候補地に希少な動植物が生息する可能性が高く、環境への適切な配慮を短期間で行うことは不可能」との理由から、ＩＲの誘致見送りを表明しています。

第5章　国内3地域限定に出現する大規模IRの候補地

IR（統合型リゾート）誘致を検討中の自治体

第6章

世界のカジノ界に見る経営スタイルの変貌

カジノシーンが魅力のシネマ

カジノ発祥と歴史

　カジノの語源はイタリア語のカーサ（家）。16 世紀ヨーロッパでは王侯貴族の別荘などが特権階級の社交場、娯楽場でした。現在もヨーロッパ式カジノはこの源流をくんでいるでしょう。アメリカ式はカジュアルでポップなゲーム場に変貌していきます。

　注目すべき点は、近年のカジノは複合施設として世界的規模の大開発計画になり、外貨獲得、雇用創生、地域活性を目的とした一大ムーブメントになりました。

　では、世界のカジノ発展の道程をたどってみましょう。

アメリカ43州に979のカジノが
経営スタイル変貌を遂げて成功した

　アメリカでカジノが合法化されているのは24州で465ヵ所と、ネイティブアメリカンに向けた29州で514ヵ所の合計979ヵ所の合法カジノが存在します。その頂点がネバダ州のラスベガス。かつては膨大な銀の採掘量を誇る鉱業で栄えた町でした。

　1930年代は銀の生産量が減退し、地域経済が疲弊していく中で、酒場は鉱山労働者による違法賭博が日常的に繰り返されていました。

　ここに目をつけた州はカジノの合法化を推進。銀の輸送でロサンゼルスとソルトレイクシティを結ぶ、機関車の給水地としてラスベガス駅ができた砂漠の中の宿場町は、1931年のカジノ合法化に伴い大勢の人で繁栄していきます。合法化への経緯は1929年の世界恐慌で財政の悪化が大きな要因でした。

　しかし、カジノ開発にはマフィアも関わっており、当時、ハリウッドにコネを持つマフィアのベンジャミン・シーゲル通称バグジーがラスベガスにホテル「フラミンゴ・ラスベガス」を建設。合法化後もマフィアの介入は衰えることはありませんでした。

第 6 章　世界のカジノ界に見る経営スタイルの変貌
カジノシーンが魅力のシネマ

　ところが 1950 年、マフィアのシンジケート解体が進み、州のギャンブル管理とカジノオーナーにライセンス発行や取り消しの権利を持つゲーミングコミッションが作られ、1967 年に不動産業のハワード・ヒューズ氏がカジノに乗り込みカジノ経営スタイルが大きく変ります。マフィアの締め出しを進める中、ベンジャミン・シーゲル（バグジー）氏は自宅で惨殺され、この事件はいまだに迷宮入りのままとなっています。

　1989 年代に入り、スティーブ・ウィン氏がザ・ミラージュ（カジノホテル）をオープン。ショーやアトラクションが無料で楽しめるカジノを中心にした複合施設はテーマ型ホテルの先駆けとなりファミリーも楽しめるエンターテインメント型カジノが誕生しました。反面、こうしたホテルが乱立し、経営の明暗が分かれ吸収合併が頻繁に繰り返されるようになります。

　現在の主要な企業は
　ラスベガス・サンズ
　MGM リゾーツ・インターナショナル
　シーザーズ・エンターテインメント
　ウィン・リゾーツなど。

63

バグジー

1991年・アメリカ

ラスベガスカジノの生い立ちと秘話
実在マフィアの介入から立ち上げた

アメリカ西部ネバダ州の砂漠の中にラスベガスをつくった実在のマフィア、バグジー(本名ベンジャミン・シーゲル)役には、「俺たちに明日はない」に主演したウォーレン・ペイティ。恋人の駆け出し女優ヴァージニア・ヒル役には、アネット・ベーニングが演じた。

バグジー アメリカ・トライスター・ピクチャーズ 日本 COLTRI

組織の拡大を進めていたバグジーは、1945年に鉱夫の町で列車の中継点だったラスベガスにカジノをメインにしたホテルを建設し組織の資金づくりを思いつく。ホテル名を「フラミンゴ」として精力的に動く。

しかし、砂漠のど真ん中という過酷な場所から膨大な資金調達が必要で、バグジーはマフィア仲間から金を調達するが、経営状況はあまり良くなく、組織からの追及などで徐々に追い込まれていく。

この作品は92年のアカデミー賞で有力候補とされたが受賞できなかった。

バグジー アメリカ・トライスター・ピクチャーズ 日本 COLTRI

※この映画、ドラマ紹介は、本文内容と全く関係がありません。

第6章　世界のカジノ界に見る経営スタイルの変貌
カジノシーンが魅力のシネマ

カジノ
1995年・アメリカ

1970年代のカジノが舞台
ギャングと3人の人生模様

実話をもとに製作された、アメリカ・ラスベガスのカジノにマフィアが根深く入り込んでいた1970年代が舞台。

カジノ　ユニバーサル

エース(ロバート・デ・ニーロ)は、シカゴで名うてのギャンブラー。親友のニッキー(ジョー・ベシ)と組んで金を稼ぎ、邪魔者はニッキーが暴力で圧した。だがエースは警察に追われて、賭博が合法なラスベガスのカジノに逃げ込む。

エースは勝ち続けてマフィアから一目置かれ、カジノ「タンジール」の総責任者にのし上がる。やがて高級娼婦のジンジャー(シャロン・ストーン)と出会い結婚するがジンジャーの金遣いの荒さに悩まされる。

カジノ　ユニバーサル

さらに、シカゴの組織からニッキーがエースの目付け役として送り込まれて、次第に三人ともギクシャクし、ジンジャーは麻薬に溺れ、ニッキーはFBIにマークされていく。

※この映画、ドラマ紹介は、本文内容と全く関係がありません。

ヨーロッパ貴族の社交場が原点
依然として厳格なカジノ規制

　ヨーロッパはカジノ発祥の地といわれ、28ヵ国に1030ヵ所のカジノがあります。フランス、モナコ、イタリア、ドイツ。それぞれのお国柄を主張するユニークなカジノとなっています。

　ヨーロッパで最も多い軒数のカジノを展開しているのがチェコ共和国の299軒です。

　フランスは、国内に200軒のカジノが存在しており、古い歴史を有しています。中世17世紀あたりは水道関係のインフラがまだ確立しておらず、貴族や資産家はこぞってリゾート地を求めて避暑に出かけていました。そして各国のリゾート開発のインフラ整備とカジノをからめた事業が急務となりました。こうしたことから、水源地を中心としたリゾートの開発振興と同時に、必然的にカジノの合法化が整備されていくようになりました。

　イギリスでは19世紀頃まで、団体によるギャンブルやゲームにだけ法律が適用されていましたが、19世紀後半に、ありとあらゆる賭けをするブックメーカーの出現で混乱を招いたため、公共の場所での賭けを禁じる法律ができ、約50年間の長きにわたり続いていました。

イギリスの公共の場所での賭けに関する法律は、1960年に規制緩和されましたが、依然としてカジノだけは規制緩和外とされ厳しい法律が続きました。このため違法カジノが蔓延したので、1968年にカジノを公認するゲーミング法が制定され、カジノが解禁されることになりました。

しかしイギリスは、観光や税収目的の他国とは異なり、違法賭博場対策や遊びの許容などを主眼としており、カジノの運営に対する規制はかなり厳しくしていました。

やがて2005年にゲーミング法が改定され、伝統的な都市生活者のサロン的なスタイルに変遷し、現在150軒のカジノが営業しています。

ドイツは６５軒のカジノを有しており、なかでも有名なのは、温泉保養地のバーデン・バーデンで約200年の歴史を誇るカジノ施設やクアハウスがあります。

オーストリアには、国営のカジノ運営企業「カジノオーストリア・インターナショナル」があります。全世界35カ国、215箇所でカジノ運営しており、政府の介入があり、社会的な信頼性が極めて高いカジノとして認知されています。

カジノ ロワイヤル
2006年・アメリカとイギリスの合作

007活躍の舞台はモンテネグロ
高額ポーカーゲームにハラハラ

007ボンドシリーズ21作目の作品で舞台はモンテネグロの「カジノ ロワイヤル」。

小説家イアン・フレミングが第二次世界大戦中イギリス海軍情報部にいた経験を基に書き上げたスパイ小説を、スパイアクションの映画にしたもの。

カジノロワイヤル SPE MGM コロンビア映画

イギリス秘密情報部員ジェームズ・ボンドが007になる前の物語で、ソ連・スメルシュのフランスにおける工作員シッフルに近づき、国際テロ組織を壊滅にするという大仕事。

カジノロワイヤル SPE MGM コロンビア映画

シッフルは組織のマネーロンダリング資金を取り戻すためにカジノ ロワイヤルで開かれる高額ポーカーゲームで一攫千金を狙っていた。ボンドも同じ席で対決しテロ資金調達計画を阻止する。

ダニエル・クレイグが初のボンド役を好演している。

第6章　世界のカジノ界に見る経営スタイルの変貌
カジノシーンが魅力のシネマ

オーシャンズ11 (イレブン)

2001年・アメリカ

**ラスベガス・ベラッジオが投資
豪華キャストのプロモーション映画**

有名な逸話つきの作品。ホテル「ベラッジオ」ができた際にオーナーのスティーブ・ウィン氏が莫大な製作費をつぎ込んでハリウッドに制作させたもの。

そのためハリウッドを代表する豪華な俳優の出演で大ヒットし、全米興行収入は1億8000万ドル。

オーシャンズ11　ワーナーブラザーズ

ジョージ・クルーニー扮する大泥棒のダニー・オーシャンは4年の服役中にラスベガスの巨大金庫破りを綿密に計画。出所後、仲間のラスティ(ブラッド・ピット)と、犯罪のスペシャリスト9人の総勢11人で頑強なセキュリティの巨大金庫に挑む。カジノ総責任者にアンディ・ガルシア、恋人役にジュリア・ロバーツ。

2005年に続編「オーシャンズ12」、2007年には3作目の「オーシャンズ13」が公開された。

オーシャンズ11　ワーナーブラザーズ

※この映画、ドラマ紹介は、本文内容と全く関係がありません。

アジアの急速なカジノ展開
中国人の財力が大きく影響

マカオを創り上げたスタンレー・ホー

2006年にラスベガスの売り上げを抜き、事実上世界一になったマカオは、2012年に約4兆円を記録。その翌年には約5兆円を突破。現在40軒を超えるカジノは、中国からの観光客が60%以上を占め富裕層の溜まり場になりました。

しかし、中国政府が汚職や腐敗の一掃を掲げた結果、摘発を恐れた富裕層の足が遠のいたのです。

ピーク時に比べて売り上げは一時半減しましたが、2016年後半よりV字回復を続けて世界一を維持しています。

ポルトガル占領下だったマカオは、貿易の拠点として栄えましたが、1841年のアヘン戦争で貿易拠点がイギリス統治の香港に移り、経済的に大打撃を受けます。1847年にはポルトガルがカジノを合法化して経済的な落ち込みは解消します。その後1930年頃のマカオにおける法律で企業にカジノ経営権を与えることが決定しました。

1962年にスタンレー・ホー財閥がカジノ経営権を独占し、ホー氏はSTDM社を設立し盤石な体制を築き上げると約40年間にわたって君臨し、「マカオのカジノ王」と呼ばれました。

ホー氏が率いる STDM は、1990 年代に更なる収益の向上を図りましたが、マフィアの利権抗争を呼び込み治安の悪化を招いてしまいます。このためマカオ議会は STDM 1 社による独占的なカジノ経営を放棄させ、3 社限定で 20 年間のカジノ経営認可を決定します。

　多くの関連企業が名乗りを上げ、入札の結果ウィン・リゾーツ（アメリカ・ラスベガス）とギャラクシー・エンターテインメント・グループ（香港）、ホー氏率いる SJM の 3 社に認可しました。その後、メルコリゾーツ＆エンターテインメント（香港）、米国のラスベガス・サンズ、MGM リゾーツ・インターナショナルの 3 社が副次的に認可され、6 社でカジノを運営しています。

　マカオの人口は約 65 万人ですが、多くの世界遺産がある歴史的市街地やポルトガル料理をベースにしたマカオ料理、マカオグランプリなどの国際イベント開催と東洋のラスベガスと呼ばれるまでになった I R とカジノ開発により、年間の訪客数は 3,500 万人を記録しています。

シンガポールの劇的成功は
ビジネスと観光を分けた開発

　統合型リゾートという言葉はシンガポールで生まれた造語とされています。貿易や航空の拠点として重要な役割を持っており、ガムや喫煙などに厳しい罰則を定めている国です。

　2005年にカジノの合法化を図り、ターゲットの異なるビジネスを対象にしたマリーナベイと、観光地セントーサ島の2ヵ所にカジノの設置を発表しました。

　マリーナベイ・サンズはラスベガス・サンズ社が、セントーサ島はゲンティン・インターナショナル社が、それぞれライセンスの有効期間は10年間、30年間のカジノ運営認可を勝ち取ります。2010年に開業した2つのIR誕生で国内経済は劇的な変化を遂げ、GDPは大きく成長しました。

　成功要因として独特な交通体系が背景にあり、交通渋滞を回避させるシステムなど万全を敷き、2ヵ所のIRは空港からわずか30分圏内です。

　MICE誘致に世界に向けて積極的に取り組み、IR開業後に国際会議開催数は世界一を記録しました。シンガポールIRは、高度な依存症対策、広告規制、自国人からの入場料徴収などこれまでほかに類をみない独特な制度を採用しており、日本のIR成功の指針となることに間違いありません。

韓国はハブ空港が強み
外国人専用で外貨獲得を狙う

　韓国のカジノはソウルや釜山、済州島、江原などに15ヵ所あり、14ヵ所は外国人専用で1ヵ所だけ韓国人も入場できます。

　宝くじと射幸行為の取締法、観光振興法を柱として政府は外貨獲得を旗頭にして、1965年に仁川（インチョン）市に韓国初のカジノが誕生しました。

　しかし、経済不安などから、1972年に自国民のカジノへの入場を禁止しました。

　その後、規制緩和され、2000年にソウルから約200kmの距離にある、かつて炭鉱で栄えた地の復興のために、国内で初の自国民も入場できる国営カジノ複合レジャー施設が江原に誕生。やがて2006年には、国営のカジノがソウルに2カ所、釜山に1ヵ所、計3ヵ所開業しました。

　2017年4月に開業した仁川空港そばの新たなIR「パラダイスシティ」は日本企業のセガサミーホールディングス（里見治会長CEO）が株式45％を取得し1,300億円を投入した本格的統合型リゾート。敷地面積は約33万m^2、カジノの面積は1万5,000㎡で韓国最大規模となりました。

オールイン
2003年・ネットワークSBS・Q

実在ギャンブラー人生と
親友3人のカジノドラマ

韓国テレビドラマ24話編は実在のギャンブラーが題材。

賭博師の叔父に育てられたイナ(イ・ビョンホン)は博打とけんかの日々だがスヨン(ソン・ヘギョ)に出会い恋心をいだく。親友のジョンウォン(チソン)の3人とドラマは展開する。

オールイン ネットワークSBS・Q

スヨンの父が殺され、イナとジョンウォンは復讐を決意。

放火した組所有の倉庫に、組長が泥酔して寝込み火にまかれてしまう。その殺人放火の罪で逮捕され、イナは懲役7年で服役。

オールイン ネットワークSBS・Q

ジョンウォンは父親の力で無罪となりアメリカへ。イナは釈放後、済州島のカジノの保安要員として働き始めるが、カジノディーラーになったスヨンとアメリカから帰国したジョンウォンの三人が再会する。

※この映画、ドラマ紹介は、本文内容と全く関係がありません。

第6章　世界のカジノ界に見る経営スタイルの変貌
カジノシーンが魅力のシネマ

ラスベガスをぶっつぶせ

2008年・アメリカ

ラスベガスの実話ブラックジャック
カードカウンティング

アメリカ・ラスベガスで実際に起きたブラックジャックのカードカウンティング事件を題材にした小説を映画化した。

ラスベガスのカジノを舞台にブラックジャックのゲームだけに絞ったもので原題は「21」。

ディーラーとプレイヤーの壮絶な駆け引きが見もの。

医大に通う主人公は、教授に誘われた会で数字の確率論で証明されているとするディーラーよりプレイヤーの方が有利というブラックジャックを知る。

ラスベガスをぶっつぶせ　アメリカ・日本　ソニーピクチャーズエンタテインメント

ラスベガスをぶっつぶせ　アメリカ・日本　ソニーピクチャーズエンタテインメント

実践のためにラスベガスのカジノに乗り込む。最初は勝ち進む主人公に、カジノ側が不審に思いサインを見抜くという展開だが、ギャンブルに陥る学生とギャンブラーの二重生活が、だんだんと苦悶の日々となっていく。

※この映画、ドラマ紹介は、本文内容と全く関係がありません。

第 7 章

ターゲットは日本！
進出を狙う世界の
IR＆カジノカンパニー

統合型リゾートの開発で大躍進 アメリカ企業
ラスベガス・サンズが日本進出に照準を向けた

　ラスベガス・サンズは 1998 年にシェルドン・アデルソン氏が創業した新興企業。世界の 3 大 I R 市場のすべてにおいて展開している唯一のリゾート開発会社としてラスベガス、マカオ、シンガポールで大規模な豪華リゾートを展開しています。

　創業は当時の常識をくつがえす革新的なテーマ型リゾートの宿泊施設と各種レジャー施設を集約した「統合型リゾート」を誕生させました。

　現在は世界を代表するメジャーなカジノに成長。アメリカ資本の代表的カジノ事業者で、業界内のベスト 4 に入っています。

　アデルソン氏は、「成功理由は、常に客の視点で見て、果敢にイノベーションを断行し新地域に進出した」と、語っています。

　マカオが市場開放された 2004 年には「サンズ・マカオ」を開業し、マカオで初めてアメリカンスタイルのカジノリゾートを誕生させ、多くの来場者からの支持を得ました。

　同社は、その後もマカオへの積極的な投資を行い、タイパ島とコロアネ島の間を埋め立てて開発するコタイ・ストリップ（コタイ地区）プロジェクトを先導しました。コタイとは、両島の頭文字からとったものです。

コタイ地区には、2007年に世界最大級の収容人数を誇る「ザ・ベネチアン・マカオ」、2008年に「ザ・プラザ・マカオ」、2012年に「サンズ・コタイ・セントラル」、2016年に「ザ・パリジャン・マカオ」を開業しています。

　また、シンガポールのカジノ合法化と同時に参入を表明、2010年に「マリーナベイ・サンズ」を開業、その年にシンガポールの観光客数は、新記録を樹立しています。

　シンガポール観光客の入国数が90％増、観光事業収入が112％増加、ＩＲ全体での雇用創出4万3,000人を生み出し、開業2010年から2017年までの間に5,500億円の税収増となり、シンガポール経済に莫大な貢献をしています。

　アデルソン氏が興したラスベガス・サンズのシンガポール進出「マリーナベイ・サンズ」における事業展開は、日本のＩＲ開発にとって非常に参考になるものと考えます。

　2019年、シンガポール政府と「マリーナベイ・サンズ」に隣接する地域に約3,630億円を投じて大規模拡張することで合意しています。

　同社はアメリカ、マカオ、シンガポールで8軒のカジノ施設を運営。訪れる客に忘れられない体験と、MICEを中心とした最高級の統合型リゾートを運営しています。

Japanese Made IR CASINO News

日本をターゲットに事業展開にする ラスベガス・サンズの見解

　アメリカの MICE 業界でも著名なアデルソン氏は、ビジネス顧客と高級層顧客を抱えて放さない。

　次には日本を最も重要な開発の地と見て、日本の希望や文化、ホスピタリティなど日本文化を反映した統合型リゾートを目指している。

　日本における開発は、横浜市を優先的に検討。これまでとは異なる全く新しいスタイルの象徴的な建物をつくり、今までにない魅力的なコンテンツを提供するとしている。

　マカオ、シンガポールなどアジアでの成功実績を元に、日本政府が目指す訪日外国人観光客の増加に貢献することができるとし、今後の日本は観光地の勢力図で何年もトップを担うであろうと熱い視線を送り続け、ＩＲ事業参入に力を入れている。

ジム・ムーレン登場でIR開発が一変 ＼アメリカ企業／
MGMリゾーツ・インターナショナルが大阪を視野に

　MGM 社の歴史は、1960 年代に大型リゾート開発のパイオニアであるカーク・カーコリアン氏がラスベガスの土地を購入し、ホテル・カジノ業界に参入したことから始まります。1973 年に MGM グランド・ホテル・アンド・カジノ（現バリーズ・ラスベガス）を開業後、1993 年にその 2 代目となる客室数が 5,000 室を超える世界最大級のカジノリゾート「MGM グランド・ラスベガス」を開業しました。2000 年にはミラージュ・リゾーツ（アメリカ）と合併し MGM ミラージュとなり、統合型リゾート・IR 事業を運営する現在の MGM リゾーツ・インターナショナルへとつながっています。

　ジム・ムーレン氏の 2008 年に会長兼 CEO 就任から MGM リゾーツ・インターナショナルは大きく変化しました。

　世界有数のエンターテインメント企業を率いて 2009 年にラスベガスに革新的都市型IR「シティ・センター」を開発。

　ムーレン氏は、アメリカ・ゲーミング協会の会長も務めていますが、加えて近年は非ゲーミング部門の収益拡大を図り、ショーやレストラン、スポーツなどを中核としたギャンブル以外の事業分野からの収益が全体の 70％を占めるようになってきました。

さらに野球のMLBをはじめ、アメリカのスポーツ界とのパートナーシップ構築に努め、統合型リゾートのスポーツエンターテインメント成長を牽引する実力者です。

統合型リゾートの中でも「MGMリゾーツ」といえばアメリカ ラスベガスのラグジュアリーの基準ともなるゴージャスさが特徴のホテル。

現在はアメリカと中国の2ヵ国で28のリゾートブランドを展開しています。

ジム・ムーレン会長の登場で、カジノは10施設をラスベガスに、4施設をラスベガス近辺のネバダ州内で集中的に出店する地元優先の地域戦略を展開しています。

地域の環境を知り抜いた有識者や専門家と検討を重ね、その土地ならではのオリジナリティを活用したリゾートを生み出し、この誘客コンセプトを明確にしてきたことが、世界中から愛されるリゾートになったゆえんとも思えるほどです。

日本でのIR事業については、地元企業、住民、カルチャーを尊重することを心がけ、立地を活かした施設づくり、地域の特性にあったレジャー体験やエンターテインメント施設を目指すとしています。また、日本の魅力を世界中に発信し、ビジネスでもレジャーでも何度でも訪れたくなるリゾートを創造するとしています。

Japanese Made
IR CASINO News

日本をターゲットに事業展開する
MGMリゾーツの見解

　MGMリゾーツ・インターナショナルは、2014年に合同会社日本MGMリゾーツを設立。市川染五郎の歌舞伎やプロボクシングの村田諒太の世界タイトルマッチなどを開催した。

　2019年には大阪事務所を開設し、日本ＩＲ進出を目指します。2019年10月24日、MGMリゾーツと同じく大阪に拠点を置くオリックスは「大阪オンリー」を掲げてパートナーシップを正式発表した。

　会長兼CEOのムーレン氏は、「私達はそれぞれの強みを生かし、大阪に世界最高のＩＲを実現し、地域の持続的な経済成長に貢献したいと考えています。そして日本文化をお手本とした、日本と調和した新しいかたちの統合型リゾート(ＩＲ)をつくっていきたい」と、表明している。

第7章　ターゲットは日本！進出を狙う世界のＩＲ＆カジノカンパニー

ハードロック・インターナショナル　＼アメリカ企業／
イギリスからアメリカへ業態拡張で収益増加

アメリカのフロリダ州に本社を構えるハードロック・インターナショナルは、アメリカで最も収益性の高い統合型リゾートを運営しています。

イギリス・ロンドンで1971年にオープンしたアメリカンレストランのハードロックカフェを起源に、ホテル、リゾート施設、カジノ施設と多角的経営に乗り出して現在の成功に至っています。カジノ施設はラスベガス、フロリダのほか、カナダやドミニカなど13ヵ所で展開をする企業に成長を遂げてきました。

日本出店のハードロックカフェは幅広い年齢層に人気があり、音楽ファンのみならず大勢の人を集客しています。

アレン・ジェームス会長は、2017年にハードロックジャパン（エドワード・トレーシーCEO、アド・マチダ社長）を日本に設立。マチダ社長はいち早く苫小牧支店を開設し、3,000億円を投資するモノレール構想などの計画を発表しました。

同社は「日本で開設する統合型リゾートには欠かせない、ホスピタリティあふれるエンターテインメントに期待していただけると思います」と、アピールしています。

Japanese Made IR CASINO News

日本をターゲットに事業展開する
ハードロック・インターナショナルの見解

　日本が最も不安視しているのがIR＝ギャンブル。ハードロックブランドはゲーミングとの直接的関連性を想起させない唯一の大手IRのオペレーターと自負している。サッカーチームのコンサドーレ札幌とのパートナー契約のほか、札幌雪祭りの支援、北海道財界人を集めたIRセミナーなどの展開が知られている。

　苫小牧支店開設に伴いマチダ社長は「ハードロックが目指す親子三代が楽しめるワールドクラスのリゾートの実現に向けて、これまで以上に北海道民、苫小牧市民との意見交換ができ、ハードロックの情報にとどまらずIR全般の情報発信の場としても地域とのコミュニケーションが取れると信じている」とコメントしている。日本進出以来30年の実績をもとにリゾート開発を苫小牧市に絞って進めていく方針。

第7章　ターゲットは日本！進出を狙う世界のＩＲ&カジノカンパニー

ラスベガスカジノを牽引してきた アメリカ企業
ウィン・リゾーツ　日本文化の特性が生きたＩＲを

　ウィン・リゾーツは2002年にスティーブ・ウィン氏が創設したカジノ事業者です。

　スティーブ・ウィン氏は約30年前1989年にラスベガスにカジノリゾートを開発。当初から街のイメージをくつがえす卓越したサービスのリゾートをつくり出したことで有名です。

　進出市場を徹底的にリストアップし、緻密な調査分析のうえで選出する経営方針は見事なものです。

　まず、ラスベガスのストリップにウィン・ラスベガス。そしてマカオにウィン・マカオを相次いで開業。その後、高級顧客層に照準を合わせて施設に隣接するカジノを開業しました。

　世界の独立系ホテル企業としては、最多の5つ星をフォーブス・トラベルガイドで獲得しています。

　アメリカのネバダ州、ニュージャージー州などで多くのカジノ開発プロジェクトを成功させたほか、ミラージュなどの有名な複合型カジノ施設も手掛けており、アメリカ市場では、プロのサービス精神と妥協のない施設づくりのパイオニアとしてリスペクトされています。

Japanese Made IR CASINO News

日本をターゲットに事業展開する
ウィン・リゾーツの見解

　これまで、ラスベガス、マカオ、ボストンで、ハイクオリティーな都市型IRの開発をしてきたウィン・リゾーツ社は、最上級の「おもてなし」、「体験」、「こだわり」を追求することをコンセプトにしている。

　さらに、日本のIRには「おもてなしの精神」や「きめ細やかな心遣い」を加味していく方針を打ち出している。

　同社のマット・マドックスCEOは、「単なるリゾートではなく、唯一無二の至高のおもてなし体験をしてもらうことを目的とし、都市の独自性を徹底的に検証し、その強み、特徴を生かして開発する究極且つ革新的な"Made in Japan"の都市型IRを創造したい」としている。

第7章　ターゲットは日本！進出を狙う世界のIR&カジノカンパニー

フランス屈指の老舗ホテルとカジノ経営＼ヨーロッパ企業／
ヨーロッパの首位に君臨するバリエール

フランスが本社のバリエールは、世界でホテルとカジノを運営するリュシアン・バリエールグループとソシエテフェルミエール デュ カジノミュニシバル ドゥ カンヌの2つのグループが展開しています。

バリエールは1912年、フランス人のフランソワ・アンドレが創業。その後、リュシアン・バリエール、ディアーヌ・バリエール、そしてドミニック・ドゥセーニュという優れた後継者たちが事業を拡大し、フランスカジノ業界のリーダーにまで成長。世界に名を馳せるラグジュアリーホテルを展開しています。

レジャーやエンターテインメントの分野でも、卓越した運営能力と上質のサービス、フランスならではの「フランス流暮らしの美学」を基調に比類のない総合的サービスを提案し様々なイベントを企画しています。

バリエールグループはカジノ34軒、五つ星ホテル18軒、12軒のレストランなどで構成されており、国内事業はカンヌ、ラポール、マラケシュにも店舗展開を続けています。

2017年10月期のグループ発表では、2つのグループ総売り上げは11.7億ユーロにまで達しており、フランスとスイスでトップに君臨するカジノネットワークを誇っています。

87

フランスの「カジノトップ 10」にバリエールグループのカジノでパリ郊外のアンギャン・レ・バンが首位、トゥールズ、ボルドー、ブロッアイム、リール、ドーヴィルの 6 軒がランクイン。また、スイスで経営しているカジノ 3 軒のうち、モントルーカジノがスイス国内で首位を維持しています。

　グルメ業界においても高い知名度を誇り、1948 年公開の米映画「凱旋門」の撮影で世界的にも有名なパリのシャンゼリゼ通りのカフェ「ル・フーケッツ」も同グループの経営で、ショーおよびイベント開催回数は年間約 3,000 回にも上っています。

　レジャー業は、特に健康促進とスポーツに力を入れており、スパ施設 15 軒、海水療法センター 1 軒、入浴療法センター 1 軒、そして 3 つのゴルフ場と 2 つのテニスクラブを運営しています。

　バリエールは 2004 年以降「責任あるゲーミング」プログラムとして包括的で先駆的で斬新な対策を導入しています。

　厳重な年齢制限、ギャンブル依存症の対策など社会生活に影響する問題を熟考したこのプログラムは、自主入場制限制を展開し 1 年後には 80% の利用者が回数を減らしているという調査結果も出ています。

第 7 章　ターゲットは日本！進出を狙う世界のＩＲ＆カジノカンパニー

Japanese Made
IR CASINO News

日本をターゲットに事業展開するバリエールの見解

2019 年 5 月、ＩＲ誘致を表明している和歌山県の統合型リゾートにフランスを中心にリゾートを展開しているバリエールが参入するために和歌山市に事務所を開設した。

　同社のカジノ開発ディレクターとして知られるジョナタン・ストロック氏は「高野山、熊野古道などの著名な観光資源を利用した統合型リゾートづくりに全力で取り組む」と話している。

　記者会見にはフランスの俳優、ジャン・レノ氏も出席し「日本の皆さんが誇りを持てるリゾートになることを願っています」と語った。

　和歌山市は人工島「和歌山マリーナシティ」を中心にＩＲを誘致すると早い時期から表明しており、カジノ事業者が和歌山県内に事務所を開設するのは初めて。今後県内で誘致に向けた整備が加速する。

IRのゲームチェンジャー ＼アジア企業／
メルコリゾーツ＆エンターテインメント

　香港が本社のメルコリゾーツ＆エンターテインメントの創業者で会長のローレンス・ホー氏は、アジアの統合型リゾートIR業界の「ゲームチェンジャー」と呼ばれています。

　次世代のゲーミング界を世界的に牽引する先見の明を持った人物として期待される人物です。

　ローレンス・ホー会長は５歳頃から今までに約３００回以上来日した親日家として知られています。

　「最大かどうかは問題ではない。まず品質を第一に考えて、世界最高のリゾート体験を日本にもたらすことに専念する」

　と話しています。

　メルコリゾーツ＆エンターテインメントは世界トップクラスの質の高い統合型リゾートの運営会社。世界各地の統合型リゾートで事業パートナーと協業し成功を収めています。

　マカオでは、2009年にフラッグシップ施設となる「シティ・オブ・ドリームス」と2015年にハリウッドをモチーフにしたゲーミングとエンターテインメントを揃えた「スタジオ・シティ」、フィリピンでは、マニラ湾のエンターテインメント・シティ区域で2015年に「シティ・オブ・ドリームス マニラ」を開業し運営しています。

また、欧州最大の統合型リゾートをキプロスに開発するライセンスを獲得して事業拡大を図ってきました。

キプロスでのメルコリゾーツ＆エンターテインメント事業は、現地で最も雇用や経済に貢献する企業のパートナーに成長し、多数の雇用やビジネスチャンスを生み出して、キプロスの経済問題を好転させています。

2016年にマカオ政府が公表した中期評価報告によると、ゲーミング以外への投資に最大級の貢献をし、地元経済の発展と多様化を推進したとしてメルコリゾーツ＆エンターテインメントの地元貢献など事業の取り組みを高く評価しました。

さらに、ゲーミング規制違反の大幅な減少に努力したことなどを評価、マカオ政府からレスポンシブル・ゲーミング・オペレーター（責任あるゲーミング運営者）として認められて、業界におけるポジションは確固たるものになっています。

日本でのＩＲ事業については、日本の歴史、文化、自然、食事、四季に敬意を払い、最高のデザインとテクノロジーを使い、それらを未来に発信するかたちで、日本ならではの統合型リゾートを提案し、日本の地域社会や経済に貢献するとしています。

Japanese Made IR CASINO News

日本をターゲットに事業展開する
メルコリゾーツ&エンターテインメントの見解

　メルコリゾーツ&エンターテインメントは「日本のコミュニティと協業し、世界水準のIRを実現させるために日本政府と自治体を全面的にサポート。日本と世界が相互にインスピレーションを与えるIRの開発を目指す」としている。

　2019年9月に発表された横浜市の統合型リゾート誘致の意向を受けて、メルコリゾーツ&エンターテインメントのローレンス・ホー会長は、横浜オフィスの配置を決定し、横浜マリノスとの長期パートナーシップを発表した。

　日本でも現地パートナーと共に世界最高の統合型リゾート創り、地域再生や日本の経済成長に貢献したいという同社は、最終ゴールを日本と定めて、候補地の自治体や地元パートナー企業と足並みを揃えて、いまだかつて誰も見たことのないエンターテインメントづくりに取り組むことになりそうだ。

世界のブランドホテルを所有運営 ＼アジア企業／
ギャラクシー・エンターテインメント・グループ

本社は香港で 1995 年にルイ・チェ・ウー会長が設立した香港の大手不動産会社 K・Wah グループの子会社として誕生しました。

K・Wah グループは主に不動産開発、投資、巨大エンターテインメント、レジャーリゾート、ホスピタリティ、建設資材などを事業とする多国籍企業でアメリカやアジアの主要都市で展開しています。

現在、世界で 140 以上の不動産を所有。インターコンチネンタル、ヒルトン、マリオット、シェラトンなども含まれており、40 以上のグローバルホテルブランドを運営する実績を誇っています。

ルイ・チェ・ウー会長は K・Wah グループの成功に基づき、2002 年にギャラクシー・エンターテインメント・グループを設立し、マカオの統合型リゾートを開発してきました。

マカオの統合型リゾートは、世界で最も大きく成功したゲーミング企業の一つに数えられるほどに成長。エンターテインメント、ホスピタリティ業界賞である「アジアのリーディングカジノリゾート 2015 & 2016」を受賞しています。

同社は、地域からの調達、地域企業支援、地域雇用を最優先に掲げ、教育・チャリティ・地域の文化的イベントを支援するなど地域社会との共存、共栄方針を打ち出しています。

　ギャラクシー・エンターテインメント・グループは、コタイにある世界最大級の統合型リゾート「ギャラクシー・マカオ」、隣接するホテル・エンターテインメント・リテールランドマーク「ブロードウェイ・マカオ」、受賞歴のある「スターワールド・マカオ」の３つのリゾートを運営しています。

　「ギャラクシー・マカオ」は2016年に世界の売り上げ高が7,560億円を超え、世界で最も成功した統合リゾートに成長を遂げる企業になりました。

　日本市場への参入に向けて、ヨーロッパのモナコ公国の豪華リゾートの所有者であるモンテカルロ S.B.M. と株式パートナーを結んで経営ノウハウの相互充実と顧客拡大を図っています。モンテカルロ SBM 社は、1863年に設立され150年以上の歳月をかけて、「モンテカルロ」ブランドを確立しています。映画「007 カジノ・ロワイヤル」の舞台にもなった「カジノ・ド・モンテカルロ」、ミシュランの星付きレストラン、豪華なショッピング施設などは、世界的に高い評価を得ています。

Japanese Made
IR CASINO News

日本をターゲットに事業展開する
ギャラクシー・エンターテインメント・グループの見解

　日本参入を第一と考え、候補地は選定中。日本におけるスポーツ、教育および文化支援の一環として、2017年東京で上演されたモナコオペラ、2018年横浜市でモナコ少年合唱団のコンサートのスポンサーをした他、2019年に横浜F・マリノスとマンチェスター・シティFCのプレシーズンマッチの冠スポンサーを務めている。

　日本にIRが誕生することに対して、同グループのフランシス・ルイ副会長は「日本が持つ独自の美意識は、豊かで繊細な伝統や文化、芸術に由来し長い歴史の中で築かれてきました。IRの誕生は、グローバルな観点で、より多くの人に日本を紹介するという貴重な機会を得たと感じています。最先端のエンターテインメント拠点を展開していきたいと思っています」とのコメントを発表している。

国家的経済水準を上げた ＼アジア企業／
ゲンティン・グループはＩＲ計画の手本になった

　本社がマレーシアのゲンティンは、1965年に林梧桐氏が
ゲンティン・グループを立ち上げた子会社。マレーシアで唯
一のカジノ施設を持つリゾートを開発して1971年に開業し
ました。レジャーやホスピタリティ、不動産事業、発電など
を幅広く手掛ける総合開発企業です。

　シンガポールではセントーサ島で「リゾート・ワールド・セン
トーサ」を運営するほか、香港などでも事業展開しています。
　カジノは同社の数ある開発企業の花形の事業。40年以上
の業界経験を活かして近年、シンガポール、イギリス、アメ
リカ、フィリピンなど海外へのカジノ事業進出を積極的に進
めています。今では全体売り上げの85％がカジノを中心と
したレジャー、ホスピタリティ事業になっています。

　同社はホテルや遊園地、カジノを含めた統合型リゾートの
開発で高い評価を得ています。ラスベガスの統合型カジノ
ブーム到来の1980年代以前から統合型リゾートを開発し、
マレーシアで開発したカジノリゾート「ゲンティン・ハイラン
ド」は世界の多くの事業者が注目しています。

Japanese Made
IR CASINO News

日本をターゲットに事業展開する
ゲンティン・グループの見解

　世界にあるカジノ事業者の中では、堅実な事業展開で定評があるゲンティン・グループ。

　競争率が高い大阪市は、大手カジノ事業者が手を挙げているが、2019年5月にゲンティンがＩＲ統合型リゾートのコンセプト案への参加登録を済ませている。

　日本のＩＲへの参入は、大都市のみをターゲットとしているが、複数エリアに行う可能性がある。横浜市のコンセプト案へも登録を済ませ、日本のＩＲへの投資額は、最大１兆1,000億円であることを公表している。

　ゲンティン・グループは統合型リゾート開発には世界で高い評価を得ているうえに、ホテルや遊園地の開発は有名。

　豊富な経験と実績で日本の統合型リゾートに貢献したいとしている。

フィリピン初のカジノを創業 ＼アジア企業／
ブルームベリー・リゾーツ

　フィリピンのマニラに本拠地を構え、世界22ヵ国で港湾・ターミナル管理を手がけるフィリピン最大の港湾企業インターナショナル・コンテナ・ターミナル・サービシズ（ICTSI）は、総帥エンリケ・ラゾン氏傘下の企業です。ラゾン氏の父親はマカオのスタンレー・ホー氏と合弁でフィリピン初のカジノ「マニラベイカジノ」（マニラ湾に浮かぶ船上カジノ）を創業した人物。同社は現在、カジノなどを含むレジャーや宿泊施設をフィリピン、韓国で運営をしています。

　2013年にはマニラの「エンターテインメント・シティ地区」に第1号の統合型リゾート「ソレア・リゾート＆カジノ」を開業しました。総面積8万3,000㎡の敷地内に、客室800室を擁する宿泊施設、本格レストランや歌劇場、MICE、スイミングプール、スパ施設などがあり高級感漂うリゾートとなっています。カジノエリアは約1万8,500㎡の広さでフィリピン最大級となっています。同施設内の宿泊施設、スカイタワーはフォーブス・トラベルガイドで5つ星を2年連続（2017＆2018年）受賞しています。

　2015年に韓国市場への進出をし、「済州サン・ホテル＆カジノ」を買収し運営をしています。2022年には、マニラの北に位置するケソン市に初の統合型リゾート「ソレア・メトロ・ノース」を開業する予定です。

Japanese Made IR CASINO News

日本をターゲットに事業展開する
ブルームベリー・リゾーツの見解

　ブルームベリー・リゾーツのオーナー、エンリケ・ラゾン氏は、2015年に「ソレア」の日本展開を視野に入れていると日本への進出を表明したが、当時具体的な進出時期などは明らかにせず、日本でのカジノ法案の動向を見極めたうえで検討すると強調。

　2016年12月には「IR推進法」の可決をうけて、早々に「ソレア」の日本の開業意向を再表明。日本進出について何度か言及しており、同社の桐山満啓氏は、和歌山県主催の講演で「日本版IRは地域と連携した未来のまちづくり事業だと捉えている。和歌山は候補地として非常に魅力的であり、現時点でファーストバッチを確保できる有力な地域だと認識しています。仮にIRが大阪にできたとしても、和歌山にできないとは思いません」と、和歌山県に照準を合わせている。

世界で一番 住みたい街、オセアニア企業 クラウンリゾーツリミテッドの住み心地良い街づくり

オーストラリアが主張する街と一体になった「街づくり型のカジノ」を運営しているのがクラウンリゾーツリミテッド。

広大な土地を有するオーストラリアは、カジノを国が一元化するのがほぼ不可能なことから、州単位のカジノ施設の管理監視という方針を取らざるを得なかったという経緯があります。

カジノ誕生の背景には、常に経済不安の歴史があり、賛成派、反対派による大論争のすえ、1970年代に所得水準の低いタスマニア州と北部準州がカジノ解禁に踏み切りました。

10年後の1980年代にはクイーンズランド州をはじめ3州が解禁。最後に、ビクトリア州・ニューサウスウェールズ州が参入したのです。オーストラリアカジノ協会によると、今では年間のカジノ事業の総収益は約4,400億円になるとのことです。

ジェームズ・パッカー前会長が率いるクラウンリゾーツリミテッドは、オーストラリアのカジノ発展に大きく貢献してきました。

世界一住みたい街といわれるメルボルンのサウスバンク地区（ヤラ川南）の再開発や、シドニーの港湾エリアを使ったバランガール地区の再開発などでIR事業展開を推し進めています。

第7章　ターゲットは日本！進出を狙う世界のIR&カジノカンパニー

Japanese Made
IR CASINO News

日本をターゲットに事業展開する
クラウンリゾーツリミテッドの見解

　日本のカジノ解禁は大きなビジネスチャンスととらえていたクラウンリゾーツリミテッドのロバート・ランキン新会長は「統合型リゾート」成立に向けて日本側と度重なる会談を催した。

　メルコリゾーツ＆エンターテインメントのローレンス・ホー会長と連携して、東京と大阪に50億米ドルを投資することを表明。前会長のジェームス・パッカー氏も同社の株を所持しており、大きな力になるのは必至と思われる。

　クラウンリゾーツリミテッドは、パッカー前会長時代にメディア事業資産を売却して、カジノ事業に大きく方向転換。メルボルンでカジノと街との一体化リゾートを成功させ、2021年には港湾を利用したシドニーのバランガルー地区に「クラウン・シドニー」の開業を予定。

　パッカー氏は「日本は世界2位のカジノ市場になれる」と地元メディアで公表している。

101

海外で活躍する日系カジノ企業
里帰りを目前に着々と準備中

Japanese Made
IR CASINO News

日本をターゲットに事業展開する
パラダイスセガサミーホールディングス
ユニバーサルエンターテインメント
ベストワン　の見解

　日本ではこれまでカジノは合法化されていなかったが、将来を見据えた日系企業は、海外 を足場にして、IRやカジノ事業の展開をしている。

　日系企業のパラダイスセガサミーホールディングス、ユニバーサルエンターテインメント、ベストワンの3社は、今後のIRビジネスが日本に定着することを前提とし、その運営ノウハウのなかでも、カジノ運営ノウハウの蓄積のために、海外で一足早く運営に乗り出している。

第7章　ターゲットは日本！進出を狙う世界のＩR＆カジノカンパニー

韓国を拠点に大規模展開 ◤日系企業◢
セガサミーホールディングス

　本拠地は韓国の仁川（インチョン）。里見治会長率いる「セガサミーホールディングス」と韓国のソウルや釜山、済州島などでカジノを運営する韓国カジノの最大手で観光企業の「パラダイスグループ」が手を組んで合弁会社「パラダイスセガサミー」を設立しました。

　出資比率はパラダイスグループ55％、セガサミーが45％。約1,300億円を投入しアジア最大と呼ばれるハブ空港（ソウル・仁川）の近くに33万㎡の敷地を用意し、2017年に北東アジア初の統合型リゾート「パラダイスシティ」を開業しました。

　「パラダイスシティ」は外国人専用のカジノで敷地面積は韓国で最大規模となる約1万5,500㎡。テーブルゲーム158台、スロットマシーン291台、エレクトロニックテーブルゲーム4台のゲームフロアを完備。韓国政府が認定している5大ホテルに劣らない豪華な仕様となっており、中華、和食、イタリアンなどの高級レストランを併設しているほか、著名人のアート作品も楽しめる日本から最も近いＩRです。

マニラ最大カジノエンターテインメント ＼日系企業／
ユニバーサル エンターテインメント

　本拠地はフィリピン。「オカダマニラ」は日本のエンターテインメント企業のユニバーサル エンターテインメントグループが総工費約 2,400 億円を投入して 2017 年にフィリピンの首都マニラに開業しました。

　ニノイ・アキノ国際空港から車で約 10 分という好立地で、世界三大夕日の一つに数えられる真っ赤なサンセットが望める絶好の場所。

　敷地面積は 44 万㎡。テーブルゲーム 500 台にスロットマシーン 3,000 台が置かれていますが、カジノフロアだけでなく、ラスベガス・ベラージオに匹敵する世界最大級の噴水ショー「ザ・ファウンテン」、ラグジュアリーなホテル、高級商業施設、世界各国の料理を提供するファインダイニング、ガラスドームに覆われたビーチクラブなど、ゴージャスな仕様になっています。

　マニラ最大のカジノ・エンターテインメントリゾートには世界中から観光客が集まってきており、地元に及ぼす経済効果も大きくなっています。

カンボジアにカジノ・リゾートホテル \日系企業/ ベスト・ワン

　本拠地はカンボジア。「ベスト・ワン」は、カジノ・リゾートホテル「ラヴォーグブティックホテル＆カジノ」をシアヌークビルに展開しています。

　これは、滋賀県を中心に 2003 年に設立したエンターテインメント企業のベスト・ワンが、カンボジアの現地カジノライセンスを取得し運営しているものです。

　カンボジア最大級のビーチリゾート、シアヌークビルに 2018 年に開業したカジノ・リゾートホテルは、地下 1 階から 2 階の 3 フロアにミニバカラを中心にカジノゲーム 14 台、スロットマシーン 45 台が設置されています。

　ランドマークであるゴールデンライオンに近く、付近に日本食レストラン、ビーチバーなどがあり、ホテルから夜景を楽しめます。シアヌークビルは、中国人客が多く、カジノ建設が相次いでおり、拡大して、第 2 のマカオ誕生と言われるほど急成長ぶりを見せています。

　吉田衡持社長は企業理念の中で「遊びを提供したり、笑顔を提供するなど、人の心を揺さぶるサービスを追及し、ベストを尽くす使命を持っている」と述べています。

巨大資金で世界市場を席巻する
2019年日本上陸作戦を開始した

第7章 ターゲットは日本！進出を狙う世界のIR&カジノカンパニー

IR企業が日本に着目
企業の本拠地と進出先

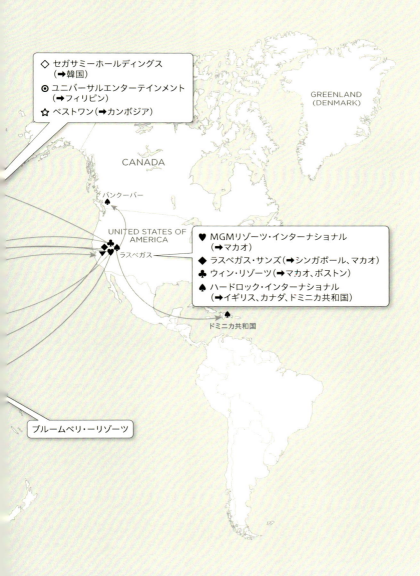

第8章

世界の
ＩＲ＆カジノを
目的ごとに満喫する

第8章　世界のIR&カジノを目的ごとに満喫する

世界のIR（統合型リゾート）
での役目は多岐多様。
ショー、リゾートホテル、カジノ、
ウェディング、国際会議・見本市、
アミューズメントパーク、ショッピング。
異次元空間を満喫できるリゾートを
行きたい目的別に紹介しましょう。

一流アーティストのショーをエンジョイしたい

　世界の一流エンターテイナーが繰り広げるステージが常設されている所。アーティストもそこに出場することがステイタス。それらを観るのが目的で訪れる人も多いのが、ＩＲの大きな特長です。

アメリカ　ラスベガス

韓国

第8章　世界のIR&カジノを目的ごとに満喫する

> 一流アーティスト
> のショーを
> エンジョイしたい

☆☆☆ **アメリカ・ラスベガス** ☆☆☆

◇ホテルベラージオ◇
シルク・ドゥ・ソレイユのO（オー）

　ステージ上の巨大プールと水上で繰り広げられる華麗なアクロバットが目玉です。世界クラスのシンクロナイズドスイマー、ダイバーのキャストが、水上でパフォーマンスし、ヨーロッパのオペラハウスを思わせる壮大な劇場で息をのむような体験を作り出します。シルク・ドゥ・ソレイユらしさが全面に表現されており、その空間は宇宙的な世界レベルの素晴らしい舞台となっています。

◇MGMグランド◇
シルク・ドゥ・ソレイユのKA（カー）

　数あるシルク・ドゥ・ソレイユの中で唯一、アジアをテーマにしたショーです。準主役として日本人のバトントワラー高橋典子さんと高見亜梨彩さんが出演。ストーリー性がはっきりして、子供も理解しやすく、楽しめる作品です。

◇マンダレイ・ベイ◇
Michael Jackson ONE

　マイケル・ジャクソンの楽曲とシルク・ドゥ・ソレイユのコラボレーションが楽しめます。キング・オブ・ポップと称された彼のヒット曲が、アクロバット、ダンス、ビジュアルと最先端のサラウンドサウンド環境で融合され、聴衆をマイケルの音楽の世界に感動的に引き込みます。マイケル・ジャクソン好きなら、思い出の曲とパフォーマンスに感動すること間違いなしです。

◇ルクソール◇
BLUE MAN GROUP

　日本公演も行われた「ブルーマングループ」は、頭の先から足の先まで全身ブルーの人達が楽器を叩くパフォーマンス。英語がわからなくても楽しめます。楽器演奏だけでなく、楽器でないものまで叩き始める芸術性の高いコミカルなショーから目を離せません。

第 8 章　世界のＩＲ＆カジノを目的ごとに満喫する

◇ベラージオホテル前◇
噴水ショー

　人だかりが絶えない有名な噴水ショー。その時期に人気のテーマを短いパフォーマンスショーにして、音楽にシンクロした躍動的な水しぶきが上がります。シーズンに合わせた演奏曲があり、クリスマスにはクリスマスソングが流れて雰囲気を盛り上げる演出です。

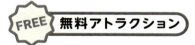
◇フレモント・ストリート◇
アーケードネオンショー

　アーケードネオンショーはダウンタウンのフレモント・ストリート。LEDで埋め尽くされたアーケード天井にイルミネーションの文字や絵が大きくうねりながら頭上から迫る大迫力。音楽がふりそそぎカラフルで色鮮やかに変身します。日没後1時間おきの開催。約10分間楽しめます。

113

 **無料アトラクション**

◇ザ・ミラージュ◇
ボルケーノショー

　火山噴火による吹き出す炎が圧巻。夜は辺りを焦がす勢いの炎と噴火の轟音が圧倒的なパワーを感じさせるエンターテインメントショー。

☆☆☆☆☆　**マ　カ　オ**　☆☆☆☆☆

◇シティ・オブ・ドリームズ◇
ザ・ハウス・オブ・ダンシング・ウォーター

　シルク・ドゥ・ソレイユの舞台美術監督のフランコ・ドラゴーヌ氏が手掛けた世界最大のウォーターショーです。総製作費230億円を投入、直径約50m深さ8mのプールを備えた劇場で、高さ10数mから次々にプールに飛び込むアクロバティックなパフォーマンスや華麗なダンス、スリリングなスタントは見ものです。

◇ギャラクシー・マカオ◇
フォーチュン・ダイヤモンド

　ひときわボリュームが上がった音楽と共に、水しぶきと閃光が眩しい。そこには、きらびやかな輝きを放ちながらフォーチュン・ダイヤモンドが姿を現します。リッチな将来を夢見て話も弾み、思い出のシーンがつくれそうです。

◇ウィン・マカオ◇
パフォーマンスレイク

　８０万ガロンの水が、３００個のノズルから一斉に噴き出す噴水ショー。15分毎に3分間ほど、ブロードウェイのミュージカルや中国の伝統音楽に、光と炎を合わせて水が踊りだす演出は迫力十分で、色鮮やかにライティング効果が映える夜のシーンは必見です。

リゾートスタイルの カジノで 気軽にプレーしたい

　明るい太陽と潮風を浴びて、手足を伸ばしてくつろぐリゾート。その中でも、ちょっと趣向を変えてプラスの遊び、カジノを訪ねてみたい大人におすすめが、リゾートスタイルのカジノです。

サイパン

オーストラリア

第8章　世界のIR&カジノを目的ごとに満喫する

> リゾートスタイルの
> カジノで
> 気軽にプレーしたい

☆☆☆ ニューカレドニア ☆☆☆

◇カジノ・ロワイヤル／ホテル・ル・サーフ内◇

『天国にいちばん近い島』の別名を持つニューカレドニアは一年中おだやかな気候に恵まれています。このカジノ・ロワイヤルは映画007の舞台にもなったほど素敵なホテル。カジノへの入場制限は18歳以上。パスポートの提示が必要です。場内は年中にぎわっており、現地の雰囲気が十分味わえます。スマートカジュアルの指定で服装には少し注意が必要です。

> リゾートスタイルの
> カジノで
> 気軽にプレーしたい

☆☆☆ フィリピン・セブ島 ☆☆☆

◇ウォーターフロント セブシティ ホテル&カジノ◇

　セブ島最大のカジノですが、気軽に楽しむことができます。入場の際の規制や館内でのルールなどが緩いため、観光のついでに立ち寄れるポイントです。カジノが初めての人はぜひトライしてみてください。ゆっくり雰囲気をエンジョイするところからのスタートができます。カジノへの入場制限は21歳以上。パスポートの提示が必要な場合があります。

> リゾートスタイルの
> カジノで
> 気軽にプレーしたい

☆ オーストラリア・タスマニア島 ☆

◇レストポイントホテルカジノ◇

　温暖な気候と青い水面をたたえた静かな海辺に面したホテルは、ロマンチックな雰囲気。カジノは比較的客も少なくゲームに集中できます。ポンツーンというブラックジャックの変形版が人気。カジノへの入場制限は18歳以上。パスポートの提示が必要です。男性は襟付きシャツと、長ズボンが常識的なスタイル。海辺ですが軽装過ぎるのは厳禁です。

> リゾートスタイルの
> カジノで
> 気軽にプレーしたい

☆☆ オーストラリア・ケアンズ ☆☆

◇カジノリーフ・ホテル◇

　ケアンズ繁華街の中心地にあり便利な所です。ドレスコードは、ショートパンツやスニーカーでも入れますが、入り口のチェックは厳しいので安全性が高いともいえます。カジノへの入場制限は18歳以上。パスポートの提示が必要です。

第 8 章　世界のＩＲ＆カジノを目的ごとに満喫する

リゾートスタイルの
カジノで
気軽にプレーしたい

☆☆☆ **フィリピン・マニラ** ☆☆☆

◇ソレア・リゾート＆カジノ◇

　フィリピンの首都マニラにある同国初のＩＲです。カジノにはテーブルゲームが 387 台、スロットマシンが 2,251 台あります。南国の日差しがフロアに注ぎこむ明るく洗練された雰囲気のカジノです。週末は空きのゲームテーブルを探すのが困難な程、活況を呈しています。カジノへの入場制限は 21 歳以上。パスポートの提示が必要な場合があります。

リゾートスタイルの
カジノで
気軽にプレーしたい

☆☆ **アメリカ自治領・サイパン** ☆☆

◇インペリアルパレス サイパン◇

　太平洋常夏のマリンリゾートは、日本から飛行機で約 4 時間。外観はクラシックな宮殿風ですがラフに遊べるのが特徴。エントランスにはお金と龍のオブジェ、大きなスクリーンの映像など、豪華な施設が圧巻です。カジノへの入場制限は 21 歳以上。パスポートの提示が必要です。ドレスコードはカジュアルでも OK です。

ハイリターンとスリルの本格カジノを味わいたい

　ハイリスク、ハイリターンを求めるなら、高額の賭けができるように設定されているマカオとシンガポールのカジノが向いています。クールに賭けて、ホットな勝負で勝利をおさめてください。

マカオ

韓国

第 8 章　世界のＩＲ＆カジノを目的ごとに満喫する

ハイリターンと
スリルの本格カジノ
を味わいたい

☆☆☆☆☆　**マ　カ　オ**　☆☆☆☆☆

◇ザ・ヴェネチアン・マカオ◇

　2007年にマカオのコタイ地区に一早く開業した「ザ・ヴェネチアン・マカオ」は、1フロアにボーイング747型機が90機も駐機できる程の広大な面積を持つ、世界最大の収容人数を誇るＩＲです。ホテルの1階に東京ドームの広さとほぼ同じ5万㎡を超える、世界最大規模のカジノフロアがあります。カジノテーブルは800台以上で、遥か遠くまで並んでおり、その殆どがバカラテーブルです。

　一般客はホテルのフロントから客室に向かうまで、大きなカジノフロアを通り抜けなければなりません。

　カジノフロアは巨大で自身の現在地が分からなくなるため、天井の色が赤・黄・緑・青と分かれているのでそれを見て自分の居場所を確認します。

　マカオは中国本土からの来場者が圧倒的に多くカジノフロアで遊ぶ人の割合は中国人が8割以上になります。

　夜になると大陸から大型観光客のバスが到着してさらに賑わいます。欧米の雰囲気はなく、活気にあふれたギャンブル場となっています。

◇ザ・ヴェネチアン・マカオ◇

　賭け金の最低金額・ミニマムベットは、マカオのカジノでは高めに設定されています。

　　ブラックジャック　　300HK＄（約4,200円）〜
　　バカラ　　　　　　　500HK＄（約7,000円）〜
　　大小・タイサイ　　　200HK＄（約2,800円）〜
　　ルーレット　　　　　 25HK＄（約　350円）〜

　賭け金の最高金額・マックスベットは、バカラでは150万HK＄（約2,100万円）です。ハイリミット、VIPエリアではさらに高額の賭け金のゲーミングテーブルが用意されており、豪快にゲームが楽しめます。

　ホテルの客室は、賭け金が高めに設定されているカジノにふさわしく、全室スイートルーム仕様となっており、カジノで遊ぶ顧客には、割引レートが適用されます。
　カジノへの入場制限は21歳以上。パスポートの提示が必要な場合があります。

第 8 章　世界のＩＲ＆カジノを目的ごとに満喫する

◇ギャラクシー・マカオ◇

　総工費 8,400 億円の莫大な資金を投じた「ギャラクシー・マカオ」は 2011 年 5 月に開業。現在も拡張中で、マカオ・タイパ地区最大規模を誇る統合型リゾートの延床面積は約 110 万㎡(東京ドーム約 23 個分)。1 日約 3 万人が入場します。

　リゾート内には、日本が本社の「ホテルオークラ・マカオ」をはじめ、「ギャラクシーホテル」、「バンヤンツリー・マカオ」、「JW マリオットホテル・マカオ」、「ザ リッツカールトン・マカオ」の 5 つのホテルが有ります。カジノには 600 台以上のゲーミングテーブル、1,500 台の最新スロットマシンと一般フロア、ハイリミット専用ルーム、VIP 専用ルーム、ポーカールームがあり、賭け金はフロアごとに決められています。

一般フロアの最低金額・ミニマムベット
300HK＄(4,200 円)〜500HK＄(約 7,000 円)

ハイリミット専用ルームのバカラ最低金額・ミニマムベット
2,000HK＄(約 2 万 8,000 円)〜1 万 HK＄(約 14 万円)

賭け金の最高金額・マックスベット
150 万 HK＄(約 2,100 万円)と、高額に設定されています。カジノへの入場制限は 21 歳以上。パスポートの提示が必要な場合があります。

◇グランド・リスボア◇

　マカオの老舗カジノ「リスボア」と同じオーナー、通称マカオのカジノ王スタンレー・ホー氏が創業した「グランド・リスボアカジノ」。

　中国では福を運ぶ「蓮の花」をイメージした高さ約260mの黄金の外観はいかにもマカオらしい風情をかもし出しています。夜になると、約50万個のネオンでライトアップされる風景が見どころになっています。

　カジノのオープンは2007年で、4階建て(8階層)の面積は約3万8,000㎡。一般エリアとVIP専用エリアとに分かれており、最上階にはVIPルームが15部屋あります。

賭け金の最低金額・ミニマムベット
300HK$(4,200円)〜2,000HK$(約28,000円)

賭け金の最高金額・マックスベット
50万HK$(約700万円)

ハイリミットエリアのマックスベット
80万HK$(約1,120万円)

VIPフロアでは、さらに高額の賭けが繰り広げられます。カジノへの入場制限は21歳以上。パスポートの提示が必要な場合があります。

○ハイリターンと
スリルの本格カジノ
を味わいたい ☆☆☆☆ **シンガポール** ☆☆☆☆

◇マリーナベイ・サンズ◇

　高層ホテル3棟を連結した空中庭園に世界最大の屋上プールが「インフィニティプール」。地上57階から見下ろすシンガポールのスカイラインは撮影スポットとして人気です。

　オープン以来、評判が良く日本人観光客がアジアで最も宿泊してみたい一つにあげているホテルです。

　この「マリーナベイ・サンズ」には、低層部分に大規模なカジノフロアが設置されています。日本人ディーラーが数多く在籍していて、日本人にとっては居心地のよいカジノです。

　カジノの総面積は1万5,000㎡。吹き抜け4層の天井にはスワロフスキー製クリスタルの世界最大級シャンデリアが輝きます。

　ドレスコードはカジュアルな服装でも入場できます。シンガポールのカジノへの入場制限は21歳以上。入場無料ですが、外国人はパスポートで入場カードを作ります。

◇マリーナベイ・サンズ◇

　テーブルゲームが約 600 台、スロットゲームが 2,300 台ほど並ぶスケールは壮観です。
　1 階と 2 階は一般客、3 階と 4 階は高額を賭ける VIP 達のハイローラーエリアとなっています。

バカラの賭け金の最低金額・ミニマムベット
50S＄（約4,500円）〜300S＄（約2万7,000円）
バカラの賭け金の最高金額・マックスベット
5万S＄（約450万円）〜30万S＄（2,700万円）
テーブルごとに幅広く用意されています。

VIP 専用のパイザルーム
ミニマムベットが500S＄（4万5,000円）
マックスベットは150万S＄（約1億3,500万円）
と、かなりの高額で遊べます。

第8章　世界のIR＆カジノを目的ごとに満喫する

> ハイリターンと
> スリルの本格カジノ
> を味わいたい

☆☆☆☆☆　**韓　　　国**　☆☆☆☆☆

◇パラダイスシティ◇

2017年4月に、韓国のカジノ運営企業「パラダイスグループ」と日本の「セガサミーホールディングス」とが共同出資で設立した統合型リゾートカジノ。カジノルームの総床面積は約1万5,000㎡と韓国最大。

ホテル内には日本を代表する芸術家の草間彌生氏の代表作「パンプキン」などのアート作品が飾られており、芸術面へのこだわりが感じられます。パラダイスシティカジノ仁川のドレスコードは、カジュアルです。

カジノはゲームの種類が豊富で、日本人スタッフもいるので、ゲームのルールや進行で気軽に質問できて安心して遊べます。

韓国のカジノへの入場制限は19歳以上。パスポートの提示かメンバーカードの提示が必要です。

◆テーブルゲーム

バカラ、ブラックジャック、ルーレット、大小・シックボー、マネーホイール、テキサスホールデムポーカー、スリーカードポーカー

※バカラやブラックジャックなどは1,000円から設定されますが、週末はレートが高く設定されることもあります。

◇パラダイスシティ◇

◆スロットマシン

趣向をこらした面白いマシンが並び、壮観。気軽に遊べます。

◆VIPフロアのプレーヤー

世界から集まるビッグな賭けをするプレーヤーには、特典もビッグです。

韓国のカジノならではのカジノへのアクセスや宿泊、食事も、有名アーティストのショーも無料になるなど、お得な対応がいっぱい。

ただ、VIPフロアに通されるには、2,000万ウォン（約200万円）以上のチップ購入など、それなりの条件があります。

第8章　世界のＩＲ＆カジノを目的ごとに満喫する

ファミリーで リゾート・テーマ パークを満喫したい

　ＩＲ（統合型リゾート）は、大人も子供も一緒に遊びが満喫できる異次元空間。

　テーマパークの規模は、日本では類を見ないほど大規模です。街そのものがファンタジックで、そのなかで繰り広げられるアメージングな出来事に現実を忘れてしまうでしょう。24時間、休むことなくシーンの変わる空間のとりこになるに違いありません。

アメリカ　ラスベガス

シンガポール

> ファミリーで
> リゾート・テーマ
> パークを満喫したい

☆☆☆☆ **シンガポール** ☆☆☆☆

◇リゾート・ワールド・セントーサ◇

　2010年に開業。赤道近くのシンガポールにファミリーで涼しく楽しめる東京ドーム約10個分の広さのリゾートです。大規模カジノと6つのホテル、国際会議場と、1日では回れないほどのアトラクションが充実しています。

　東南アジア初の「ユニバーサル・スタジオ・シンガポール」は、ハリウッド映画やアニメ、未来都市がテーマの7つのゾーンのアトラクションが大人気のテーマパークです。

　「アドベンチャー・コーブ・ウォーターパーク」では全長620mの流れるプール、イルカやエイと触れ合えるプログラムが魅力的。「シー・アクアリウム」は世界最大級の海洋水族館で、1,000種10万匹以上の海洋生物を鑑賞できます。巨大水槽は、高さ8.3m幅36m世界最大の日本産透明アクリルパネルを使用しています。

　カジノはファミリー客を想定して、ドレスコードは緩やかです。シンガポールのカジノは、21歳以上が入場可能。入場無料ですが外国人はパスポートで入場カードを作ります。カジノは大規模で約22種類、500台のテーブルゲームが楽しめます。

第 8 章　世界のＩＲ＆カジノを目的ごとに満喫する

> ファミリーで
> リゾート・テーマ
> パークを満喫したい

☆☆ アメリカ・ラスベガス ☆☆

◇エクスカリバー◇

　1990 年オープンのカジノホテル。客室数 4,000 室は、当時世界最大のホテルでした。中世をイメージした外観はヨーロッパ古城の形でファンタジー感のあるホテルです。

　空港から近く、向かいには「MGM グランド」や「ニューヨークニューヨーク」、「トロピカーナ」などのカジノホテルもあり交通の便も良いので人気です。

　宿泊料、バフェなどがラスベガスの中では比較的安く、また、夜になると外観のお城がライトアップされ、ファミリー向けのテーマパーク的な要素が強いカジノホテルです。

　屋外に子供用プールと 4 つのプールがあり建物地下には巨大なゲームセンター「Fun Dungeon」もあり、親子で楽しめます。

　このカジノは古く、赤い絨毯に一昔前にラスベガスで流行した中世のシャンデリア調照明が、レトロな雰囲気をかもし出しています。

> ファミリーで
> リゾート・テーマ
> パークを満喫したい

☆☆☆☆ **マ　カ　オ** ☆☆☆☆

◇サンズコタイセントラル◇

　2012年に開業。マカオのコタイストリップに面したカジノリゾートには、有名ホテル3ブランド「ホリデイインマカオ」、「コンラッドマカオ」、「シェラトン・マカオホテル」があり、各ホテルを連結する形で設えられたカジノとショッピングモールにはファッション、レストランなどが100店舗が賑わっています。

　アメリカのアニメーション制作会社「ドリームワークス」との提携で、「シュレック」「カンフー・パンダ」「マダガスカル」のキャラクターパレードや記念撮影もでき、子供と楽しめるリゾートです。

　ここにある2つのテーマ型カジノが人気の特徴です。一つはヒマラヤがテーマの内装の「ヒマラヤカジノ」は「ホリデイインマカオ」と「コンラッドホテル」の1階にあります。もう一つの「パシフィカカジノ」は太平洋がイメージのビーチリゾート気分を味わえる内装。「シェラトン・マカオホテル」の1階にあります。

> ファミリーで
> リゾート・テーマ
> パークを満喫したい

☆☆☆☆ フィリピン ☆☆☆☆

◇シティオブドリームスマニラ◇

　フィリピン首都マニラに2015年開業したフィリピン最大級のカジノリゾート。「ハイアットリージェンシー」、料理人の松久信幸氏経営の「NOBUホテル」、この中では一番宿泊料金の高い「NUWA」の3つのホテルとショッピングモールがあります。ゴールドのガラス張りの外観と、大きなエッグのオブジェが目をひきます。カジノ入り口ではスレンダー美女にお出迎えされて一緒に記念撮影をするのが定番です。

　「ドリームワークス」提携の子供向けアスレチックや、ボルダリング体験、ドラゴンの急勾配スライダー、カンフーパンダとダンスなどアトラクションが多数あり、2018年開設のVR ZONEとフードパークを融合した「ザ・ガレージ」はフィリピン初のアトラクション施設となっています。

　カジノはVIP客が多く、1階には定番のバカラ、ブラックジャック、ルーレット、大小などがあり、中央ステージでは生演奏のショーが、2階には大画面でのルーレット、バカラゲーム、競馬ゲームもあります。

*ファミリーで
リゾート・テーマ
パークを満喫したい*

☆☆☆ **ニュージーランド** ☆☆☆

◇スカイシティ◇

　市内中心部の「スカイシティグランドホテル」と「スカイシティホテル」に併設されており、地元の人が多いですが、アジア人のカジノ利用者も増えています。カジノへの入場制限は20歳以上。パスポートの提示が必要です。

　1996年開業のニュージーランド最大のカジノは天井が高く開放感があり国内最多の約20種類のテーブルゲーム100台と1,500台を超えるスロットマシンがあります。ほかにもバカラ専用ルーム、VIPルームもあります。

　併設施設に国内最高328mのオークランド名所「スカイタワー」があり、展望台では半径80kmの圧倒的な大パノラマが広がります。地上192mのタワー屋外展望台を歩くスカイウォークや、地上までワイヤーを伝って下りるスカイジャンプなどもスリリングで人気となっています。

　オークランドはニュージーランド最大の都市ですが、全人口が500万人未満で人混みはなく治安も良いので、ゆっくり家族でショッピングや観光、カジノが楽しめます。

第 8 章　世界の I R ＆ カジノを目的ごとに満喫する

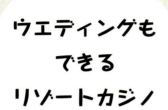

ウエディングもできるリゾートカジノ

　意外な IR 利用法がウエディング。豪華ホテル、アミューズメントパーク、ロケーションのすべての条件が揃っているのだから、素晴らしいウエディングが演出できるはずです。

　トロピカルアイランドで珊瑚礁の海を背景にチャペルで結婚式をするのは、憧れの的。旅行を兼ねて、友人家族を招いて行くのも人気があります。

　カジノで遊ぶのも大人の楽しみ。ビギナーでもトライできるのがリゾートカジノです。

アメリカ ラスベガス

ニューカレドニア

135

ウェディングも
できる
リゾートカジノ

☆☆ **アメリカ・ラスベガス** ☆☆

◇ベラージオ◇

　街全体がどこでも最高の撮影場所となっているラスベガス。ゴージャスな「ベラージオ」の施設内にはウェディングのための 30 人収容の東礼拝堂と 130 名収容の南礼拝堂があります。また、噴水が目の前のテラスは、日中または夜にパーティ利用ができ、多くの人が利用しています。

　夢のウェディング実現のために、セレモニーから施設内での写真撮影など細部にまで気配りされた特別なウェディングパッケージも用意されています。噴水ショーの前で愛を誓うという、ロマンチックなシチュエーションも人気となっています。

　ラスベガスストリップの中心に位置しており、誰でもが行きかう場所だから、通りがかった異国人たちから祝福を浴びてハッピーさも最高となります。

　24 時間オープンしているゴージャスなカジノは、ラスベガスの中でも人気の高いカジノです。

第8章　世界のＩＲ＆カジノを目的ごとに満喫する

ウェディングもできるリゾートカジノ

☆☆☆ ニューカレドニア ☆☆☆

◇ル・メリディアン・ヌーメアリゾート＆スパ◇

「グラン・カジノ」は「ル・メリディアン・ヌーメアリゾート＆スパ」内にあり、ニューカレドニア・ヌメア唯一の５つ星オンザビーチのホテルです。

足元から広がるアンスバタビーチの海面は、太陽の日差しを輝かせて刻々と姿を変えていきます。この大自然の美しさを独占できるのは贅沢の極みといえるでしょう。

映画「天国に一番近い島」の舞台にもなった、ニューカレドニアの美しい海を背景に素敵なウエディングができます。

ロマンチックウエディングの代名詞にもなる海辺のチャペル。青い空と青い海のはざまで幸せな未来を感じるときです。

静かで落ち着いた雰囲気のカジノに気楽に立ち寄ってみるのも、大人の楽しみです。カジノで遊ぶスタイルに、お互いの新しい発見があるかもしれません。潮騒の余韻を思い出に刻み、ロマンチックな記念のウエディングセレモニーをどうぞ。

コンベンションホールなどが充実しているIR

　広大な建物に国際会議場や国際見本市会場を有している施設には、世界中のビジネスパーソンが集まってきます。そこは世界最新の情報が集まり、科学と文化がミックスされて次世代の生活が展開される場所。

　すべてがオンタイムで発信される環境は、互いの国の情報を共有することでもあります。

　大勢の人が動くことは、共に経済が動くことなのです。

アメリカ ラスベガス

マカオ

世界の主な MICE 施設

アメリカ・ラスベガス

会場名	会議場・展示場面積合計
ザ・ヴェネチアン&ザ・パラッツォ	21 万㎡
マンダレイベイ	19 万㎡
MGM グランド	5.3 万㎡

アメリカ・アトランティックシティ

会場名	会議場・展示場面積合計
ボルガ―タ	6.7 万㎡

マカオ

会場名	会議場・展示場面積合計
ザ・ヴェネチアン・マカオ	11 万㎡
サンズ・コタイ・セントラル	8.6 万㎡

シンガポール

会場名	会議場・展示場面積合計
マリーナベイ・サンズ	12 万㎡
リゾート・ワールド・セントーサ	1.3 万㎡

第9章

日本型ＩＲ＆カジノ
成功の鍵は人財

カジノディーラーの日本流教育が
世界一の日本型ＩＲにする成功の鍵

　目前に迫った日本型ＩＲを創造するに当たって、最も重要なことを知っていただきたいのです。政府の定めたＩＲの要件では、日本型ＩＲは世界的に見ても非常に大規模なＩＲになると予想されています。

　私はこれまで約30年近くにわたり、顧客としてのカジノの楽しさを十分理解し、カジノで働く魅力や厳しさも実感してきました。

　常に顧客目線に立ち、どのようなサービスをカジノで提供するかを考え、実践してきました。カジノで働く人が究極のサービスを提供し、カジノファンをつくること、それこそがカジノ、そしてＩＲの成功につながります。

　そのための教育は必要不可欠なのです。カジノ合法化という一つの夢はかないましたが、次の夢は世界一のＩＲ＆カジノを日本に誕生させることです。

　数年後の日本には世界最大規模の投資により、世界最高クラスの立派なハード施設が完成するでしょう。しかし、いくら豪華絢爛な施設が誕生しても、その中身であるソフトがおざなりでは、その価値は台無しになってしまいます。

日本型ＩＲ＆カジノ成功の鍵を握るのは、人財です。プロジェクトに携わる人の力こそが財産であり、人財と言われるゆえんです。

　ハードの施設とソフトのサービス。この両面が備わってこそ世界最高クラスのＩＲ誕生となり得るのです。

　サービスを提供する従業員も、おもてなし精神を理解している一流のものでなければなりません。また、カジノの花形、ディーラーは世界中から訪れるプレーヤーや、ハイローラーに対しても日本の心を持った接遇のできる人財が必要なのです。

　これからカジノディーラーの需要は増していきます。カジノディーラーはシンガポール、マカオ、など諸外国の例からしても、雇用促進という観点から、まずは地元民を雇用することが義務づけられています。おそらく日本においても同様と考えられます。さらに日本人ディーラーなら、日本人客が日本語でゲームのルール説明が受けられる、わからないことがあれば聞きながらゲームができる利点があることからも、日本のカジノには多くの日本人ディーラーが必要となることは言うまでもありません。

すでに管理職の育成も開始
スキルを修得したら高待遇で働ける

　カジノにはディーラーより上の管理職も必要になります。

　カジノのゲームフロアには、テーブルゲームのディーラー部門だけでも多くのポジションがあります。まずはディーラーからスタートして、フロアパーソン、ピットマネージャー、シフトマネージャー、ゲーミングマネージャーと階級が上がります。飛び級でステップアップすることはほとんどなく、まずはディーラーから、ひとつずつステップアップしていきます。

　今からカジノディーラーの技能を身に付け、経験を積んでおけば、有能なディーラーは即戦力・幹部候補として採用されるのは間違いありません。

　日本のカジノ合法化により、日本進出を狙う外資カジノ運営企業は、すでに日本人管理者をいち早く育成し始めています。「日本カジノスクール」卒業生への海外カジノからのオファーは増加傾向にあり、多くの卒業生が海外のカジノに就職し、ディーラーよりも上のポジションに昇級して活躍しています。実際のカジノで管理職経験がある人は、日本にカジノができた際は貴重な人財として高待遇で迎え入れられることでしょう。

活況なアジアのIR開発
トレンド産業の主役はカジノディーラー

　現在世界一のカジノ売上を誇るマカオでは、約40ヵ所の
カジノが開業しており、3万人を超えるディーラーがいます。

　市場開放前の失業率は4％台。その後1％台へと大幅に改
善し、カジノは地元の雇用促進に大きく貢献しています。

　またマカオに追随し、シンガポールでは2010年に2ヵ所
のカジノが開業しました。

　そのシンガポールを抜く勢いにあるのがフィリピンで、首都
マニラ湾岸地区にカジノを併設した大規模リゾートを4ヵ所
計画して、すでに3施設が開業しました。

　極東ロシアのウラジオストクでも3ヵ所のカジノリゾート
計画があり、すでに1ヵ所は開業、将来的に6ヵ所に拡大す
る見通しです。

　さらにお隣の韓国でも、仁川（インチョン）空港近隣に3ヵ
所の大型カジノリゾートが計画中。すでに開業した1ヵ所は
日本企業と韓国企業の合弁です。

　このように、現在アジアにおいてIRはトレンド産業となっ
ています。日本はかなり出遅れましたが、諸外国のIRを凌ぐ、
世界トップクラスのこれまでにない斬新なIR計画が発表さ
れ、そのオープンが数年以内に迫ってきているのです。IR
にもたらす収益の割合が最も大きいのは、カジノです。

トレンド産業の主役と言われるのがカジノディーラー。今、カジノディーラーが世界中でこれほど求められているという認識は、日本国内ではまだ薄いかもしれませんが、現実に身近に迫っているのです。

日本にできるカジノが、世界最大規模で24時間営業だとすると1ヵ所につき2,000名のカジノディーラーが必要となります。さらにカジノディーラーを監視するスーパーバイザー、ピットボスなどを含めると計3,000名のカジノスタッフが必要になります。

カジノで最も多く且つ最もお客様と接することになるのがカジノディーラーです。日本文化を継承して世界中から好感をいだかれる市場を創れるのは、カジノディーラーの腕にかかっていると言っても過言ではありません。

これまで日本になかった新たな職業の誕生は、間違いなく脚光を浴びることでしょう。

カジノディーラーは「近未来の花形職業」なのです。

How to be a dealer Question & Answer!

映画のシーンにも登場するカジノで、スマートにゲームを進めるディーラー。あのディーラーになるには、どうすればいいのでしょう。

その質問にお答えします。

第9章　日本型ＩＲ＆カジノ成功の鍵は人財

How to be a dealer
Question & Answer！

 ディーラーとは何をする人?

 ディーラーは客に対峙してルーレットを回し、カードを配り、配当額を瞬時に計算してチップを配るのが主な仕事です。
ゲーム進行役の黒子でありながら、無駄のない華麗な手さばきでゲームを盛り上げるエンターテナーとして主役にもなります。

カジノに来るプレーヤー（客）にはゲームを楽しみたい人、勝負にこだわる人など色々。それぞれのレベルに合った楽しい時間を演出して、気持ちよくカジノを楽しめる配慮をします。ウィットに富んだ会話、スムーズなゲーム進行、そして飲み物の注文にも気を配りながら、ゲームのスリルも楽しませる。すべてディーラーのウデ次第です。

洗練されたおもてなしを提供し、客を楽しませ、とびっきりの時間を演出します。カジノの中心的な役割を果たす究極のサービス業、それがカジノディーラーです。

147

資格が必要なの？

 カジノディーラーとしてデビューするには、技能審査のパスに加え、殆どの国で、お金を扱う業務のためワークパーミット(労働許可)の取得が必要です。
海外のカジノでは雇用時に警察や金融機関による犯罪歴、クレジットヒストリーなどのバックグラウンドチェックにパスすることがカジノで働くための第一条件です。
海外ではカジノディーラーは"オネストビジネス"（正直な職業）として認知されています。

 職場は、どんな環境なの？

 クリーンで清潔、勤務中の休憩時間が多く、従業員専用のカフェでくつろいだり、無償の食事が提供されます。カラオケやパーティができるレクレーションルームを完備しているところもあり、働きやすい環境があるのも特徴です。

第9章　日本型IR&カジノ成功の鍵は人財

How to be a dealer
Question & Answer !

 性別、年齢、などの制限があるの？

 各国でその国の事情によります。米国、マカオ、シンガポール、フィリピンは21歳以上。カナダ、韓国は19歳以上、オーストラリアは18歳以上です。
計算が得意、手先が器用、接客が好きならなお良いですが、計算や手さばきは練習で誰でも上達します。接客も場数を踏めばカジノディーラーに必要なおもてなし方法を学べます。海外では第二の人生として退職後にカジノディーラーに転身する人も多く、年齢や性別にかかわらず誰にでも目指せる人気の職業となっています。

 どんな服装をしているの？

 それぞれのカジノによって様々です。リゾート地であれば、ポロシャツやアロハもあれば、ヨーロッパであれば、フォーマル（タキシード）などもあります。

きつい仕事ですか？

 繁忙期を除いて、ほとんど残業はなく、ディーリングをしっかり身に付ければ、あっという間に勤務時間が終わります。ディーリングがメイン業務

で、上司との人間関係の気遣いもなく、働きやすい環境です。

但し、配当などを絶対に間違えないよう細心の注意が必要でミスが続くと解雇の対象となります。また、カジノは多額の金銭を取扱う場所。不正が発覚した場合は、即日解雇です。

ディーラーの勤務形態は、週5日。1日8時間勤務で40〜60分間ディーリングし、20分の休憩が一般的。ディーラーの経験を積むとスーパーバイザー、ピットボスというディーラーの管理監督者などに昇格するチャンスもあります。昇格も踏まえ、技能だけでなくカジノ業界全体の動向、カジノ専門用語やホスピタリティ・接客・接遇など幅広い教養を身に付けることが必要です。

第9章　日本型ＩＲ＆カジノ成功の鍵は人財

How to be a dealer
Question & Answer !

 年収はいくらくらい？

 ディーラーの待遇はアメリカのようにティップ（Tip：心づけ）の習慣のある国では、固定賃金は低いかわりに、ティップ収入が多くあります。ラスベガスなら最低労働賃金8ドル×8時間プラスＴｉp。ティップは小さなカジノで1日30〜40ドル程度で、約100ドルの日給になります。これがラスベガスの大きなカジノだと、ティップが1日250ドル程度となり、日給が約300ドルになる所もあります。大きなカジノで働くには、経験が必要。ラスベガスの優秀なディーラー、つまり絶対間違いを起さず、お客様を上手に楽しませて、高額プレーヤーを相手にできる人の中には年収１千万円以上の人もいます。

しかし、日本ではティップの習慣がないため固定収入のみとなる可能性が高いと思われます。賃金は、ゲーム進行の確実性、接客態度、経験などのランクで決定されるでしょう。

オーストラリア・メルボルンのカジノ関係者では、通常ホテルマンの1.2倍〜1.5倍の給与支給があるようです。マカオでは公務員の1.5倍程度です。なお、年齢やゲームでの勝ち負けはディーラーの待遇とは全く関係はありません。

151

ティップは自分だけのもの?

 アメリカ・ラスベガスでは、客からのティップはゲームテーブルの下などに設置した、一つの箱に入れて一括集金します。1日分のティップをそのゲームを担当したディーラーで均等に分けるので、一人で独占するものではありません。

カジノはゲームをしてプレーヤー（客）の大きな現金が動くところ。ディーラーとの不正な関係があってはいけません。公正をきすために、ディーラーがプレーヤーから個人的なティップを受け取ることを禁じています。世界のほとんどの国のカジノが、そのルールだと思います。

カジノルームの中では、現金に代わるものとして丸いチップが使われます。このチップで飲み物やシガーを買ったり、サービススタッフにティップとして渡したりできます。

現金代わりのチップ
チップは色や模様で金額が違う

第9章　日本型IR＆カジノ成功の鍵は人財

How to be a dealer
Question & Answer !

 どうすればディーラーになれるの？

 カジノディーラーになるには、ブラックジャックやミニバカラなどのカードシャッフル・カード配布方法や、カジノの女王ルーレットの球のスピニングや配当計算など、専門的なディーリング技能（手さばき）の取得が必要です。諸外国では、カジノに採用されてから技能を取得
する方法と、自らがカジノディーラー養成スクールに通学して技能を取得する方法の2種類あります。

カジノは経験者を優遇するので、ディーリング技能やカジノの知識のない人にとっては狭き門です。まずはスクールに通学し、基本的なディーリング技能と知識を身につけ、カジノの面接試験を受けて審査にパスすることが、カジノディーラーへの近道です。

ディーラー部門にも多くのポジションがあります。ディーラーからはじめて、フロアパーソン、ピットマネージャー、シフトマネージャー、ゲーミングマネージャーと昇格して、待遇条件も変わります。

153

第10章

カジノファン必見！
カジノのルールと
7つの心得を伝授

ゲームの基本 How to play
ルーレット、ブラックジャック、バカラ

　世界のカジノでほぼ設置されてプレーできる三大ゲーム
は、ルーレット、ブラックジャック、バカラでしょう。スロッ
トマシンやポーカーゲームにもプレーヤーが多くつきます。
　地域独自で色々なゲームがあり、アメリカにはクラップスと
いうダイスゲーム、マカオやシンガポールなどのアジア地域
では大小という人気のダイスゲームもあります。

　日本でカジノがオープンした場合、昔から行なわれている
花札を使った丁半やオイチョカブが誕生するかもしれません。
　世界中のカジノには様々なゲームがあります。これから、
一般的に広く知られているゲームとカジノにおいて行なわれ
ているもっともポピュラーで代表的ゲームのルールを紹介し
ましょう。
　ルールをマスターしたら、誰でもゲームに勝ちたいのが本
音。そこで、経験を積んだカジノディーラーが教えるゲームの
「７つの心得」を、あなたに伝授します。

カジノにある主な
カジノに並ぶゲームの数々

 **R** ルーレット系ゲーム

- R　ルーレット　　　　　　　　　　　Roulette
- W　ウィール・オブ・フォーチュン　　Wheel of Fortune

 **C** カード系ゲーム

- B　ブラックジャック　　　　　　　　Blackjack
  - ・シュー・ゲーム　　　　　　　　Shoe-game
  - ・ハンドヘルド・ゲーム　　　　　Handheld-game
- B　バカラ　　　　　　　　　　　　　Baccarat
  - ・バカラ　　　　　　　　　　　　Baccarat
  - ・ミニバカラ　　　　　　　　　　Mini-Baccarat
  - ・シュマン・ド・フェール　　　　Chemin De Fer
- L　ライブ・ポーカー　　　　　　　　Live Poker
  - ・セブン・カード・スタッド　　　7Card Stud
  - ・テキサス・ホールデム　　　　　Texas Hold'em

 **M** マシン系ゲーム

- S　スロットマシン　　　　　　　　　Slot Machine
- V　ビデオポーカー　　　　　　　　　Video Poker

ゲームの種類
お気に入りはどれですか

 **D** ダイス系ゲーム

| C | クラップス | Craps |
| S | 大小 | Sic-Bo, Tai-Sai |

 **O** 他のテーブルゲーム

L	レット・イット・ライド	Let It Ride
C	カリビアンスタッド・ポーカー	Caribbean Stud
P	パイガオ・ポーカー	Pai-Gow Poker
3	スリーカード・ポーカー	3 Card Poker
C	カジノ・ウォー	Casino War

 **L** ラウンジで行うゲーム

| K | キノ | Keno |
| B | ビンゴ | Bingo |

 **L** ローカル・ゲーム

| P | パイガオ・タイル | Pai-Gow Tiles |
| F | ファンタン | Fan-Tan |

ゲームの基本 How to Play

ルーレットの遊び方

① ディーラーがルーレットウィール（盤）をまわし、その中に玉を投入します。参加者（プレイヤー）は玉の落ちる番号を予測して、賭け金（チップ）をテーブル上に置きます。ディーラーは玉が落ちる前に「ノーモアベット」の合図で賭けを締め切ります。

② 玉が入った番号が「当たり」となり、まず始めにはずれたチップが回収され、次に当たったチップに対して、順次配当が付けられていきます。配当の倍率は賭け方によって異なりますので、右ページの図をご覧ください。

【基本的なマナー】

◆ 他のプレイヤーと同じ箇所にチップを置く場合は、重ねて置きます。（数字上に賭ける「インサイド」の場合のみ）

◆ 当たり番号を示す「マーカー」が置かれている間は、まだゲームが終わっていませんので、テーブル上のチップに触れたり、次回の賭けを行うのはご遠慮ください。

第10章　カジノファン必見！カジノのルールと7つの心得を伝授

【チップの賭け方と倍率】

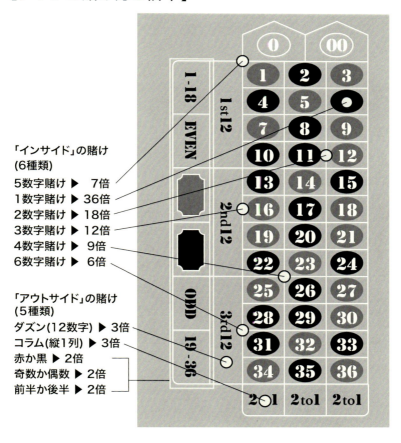

「インサイド」の賭け
(6種類)

5数字賭け ▶　7倍
1数字賭け ▶ 36倍
2数字賭け ▶ 18倍
3数字賭け ▶ 12倍
4数字賭け ▶　9倍
6数字賭け ▶　6倍

「アウトサイド」の賭け
(5種類)

ダズン(12数字) ▶ 3倍
コラム(縦1列) ▶ 3倍
赤か黒 ▶ 2倍
奇数か偶数 ▶ 2倍
前半か後半 ▶ 2倍

ゲームの基本 How to Play

ブラックジャックの遊び方

① 最初にプレイヤーが、ベッティングエリア（賭け枠）に賭け金（チップ）を置きます。その後、ディーラーは各プレイヤーに、カードを2枚ずつ表向きに配り、ディーラーのカードは1枚を表に、1枚を裏にして配ります。

② プレイヤーはディーラーよりも「カードの合計が21点」に近ければ勝利となります。ディーラーは順番に各プレイヤーに対してカードの追加を行うかを聞いていきます。カードを追加（ヒット）する場合は、テーブルを軽く叩いてください。カードは何枚でもヒットできますが、21を越えてしまうとその時点で失格（バスト）となります。逆に、手持ちの点数が十分だと思ったら、手を横に振り、カードをいらないことを示し（スタンド）、その点数のままでディーラーと勝負することになります。

③ プレイヤー全員が選択を終えた後、最後にディーラーが裏にしていたカードをめくり、17点以上になるまでカードを引き続け、勝負となります。ディーラーよりも21点に近いプレイヤーは勝ちとなり、賭け金と同額の配当を得ることができます。逆にディーラーよりも21点に遠いプレイヤーは負けで、賭け金は没収されます。なお、同点の場合はプッシュといい、引き分けとなります。

【カードの数え方】

"2〜9" まではそのままの数字、
"10・J・Q・K" は「すべて10点」と数えます。
また、"A"（エース）は「1点」もしくは「11点」のどちらに数えてもかまいません。

【特殊なルール】

ブラックジャック
最初の2枚が「Aと10点札」
（配当は3to2/通常の1.5倍）

ダブリングダウン
最初の2枚を見て賭け金を倍に
ただし引けるカードはあと1枚

スプリッティングペアー
最初の2枚が同数の時、同額の賭け金を
追加し、2手に分けて勝負することができる

インシュランス
ディーラーのブラックジャックに
対し保険をかけることができる
（賭金の半額まで/配当は2to1）

サレンダー
最初の2枚を見て賭け金の
半額だけ放棄し勝負を降りる

ゲームの基本 How to Play

♠♣ バカラの遊び方

① 最初にお客様は、プレイヤーまたはバンカーを選び、ベッティングエリア（賭け枠）にチップを置きます。チップが揃ったら、ディーラーは「プレイヤー」「バンカー」それぞれにカードを 2 枚配ります。

② 勝負は上記の「プレイヤー対バンカー」の間で行われ、最終的にカードの合計点数の「下一桁が 9 に近いほう」が勝ちとなります。2 枚ずつ配った時点で、どちらかの枠に「8 点」か「9 点」ができていた場合は「ナチュラル」といい、その時点での点数の高いほうが勝ちとなります。

③ ナチュラルが成立していない場合は、「プレイヤー」「バンカー」とも追加のカードを 1 枚だけ引く場合があります。カードを「引く」か「引かない」かは"条件"と呼ばれるルールに従います。（詳細は右ページの図を参照）

④ ①で選んだ方が 9 点に近いと勝ちとなり、賭け金と同額の配当を得ることができます。バンカーで勝った場合、毎回配当の 5％ をコミッション（手数料）として徴収されるかバンカーが「6」で勝った時のみ、配当の半分をコミッション（手数料）として徴収されるか、カジノによりルールが

異なります。同点の場合は「タイ」と呼ばれ、引き分けで賭け金はそのままとなります。なお、「タイ」に賭けることもでき、当たると賭け金に対し 9 倍の配当が得られます。

【カードの数え方】

"2 ～ 9" まではそのままの数、
"A"（エース）は「1 点」、
"10・J・Q・K" は「0 点」と数えます。

カード追加のルール表

		バンカーの最初の二枚のカードの合計（下一桁）									
		0	1	2	3	4	5	6	7	8	9
プレイヤーの最初の二枚のカードの合計（下一桁）	0	両方に一枚追加			プレイヤーに一枚追加。追加したカードが下記の点数の場合、バンカーにもう一枚追加 8以外	2～7	4～7	6・7	プレイヤーに一枚追加	バンカーの勝利	
	1										
	2										
	3										
	4										
	5										
	6	バンカーのみ一枚追加						引分け			
	7								引分け		
	8	プレイヤーの勝利								引分け	
	9										引分け

163

ゲームの基本 How to Play

大小の遊び方

① ディーラーがケージと呼ばれるカゴの中に入った3つのサイコロを振ります。プレイヤーはその3つのサイコロの出目を予想し、賭け金チップをテーブルに置いて賭けます。

② ディーラーが締め切りの合図「ノーモアベット」の後、サイコロの出目を宣言します。外れたチップは回収していき、当たったチップには、それぞれの賭け枠に応じた配当が付けられていきます。

第 10 章　カジノファン必見！カジノのルールと 7 つの心得を伝授

【賭けた場所によるチップの配当】

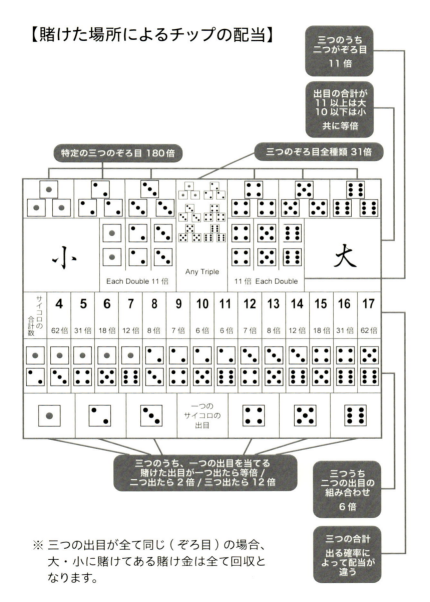

※ 三つの出目が全て同じ（ぞろ目）の場合、大・小に賭けてある賭け金は全て回収となります。

ギャンブラー7つの心得

ゲームを制するは、あなた自身。ここはクールに決めてみて！
カジノディーラーが伝授するカジノ7つの心得

 ## 1つ ツキを呼び込め

　カジノ場を見て回り、人だかりのしているテーブルには必ず大勝ちしている人がいる。その人に便乗して同じ賭け方をして自分にもツキを呼び込め。

 ## 2つ 流れを知れ

　腰を据えてプレーする前に、その台の流れをみること。例えばルーレットなら赤と黒のどちらがよく出ているのか。ブラックジャックなら親が勝ち続けていないか。バカラならプレイヤー、バンカーのどちらに多く出ているかをじっくり観察し、場の流れを知ってからゲームに参加すること。

 ## 3つ 元手なくして勝負はしない

　十分な資本を用意してカジノに行くこと。カジノは常に開いているので慌てる必要はない。元手がないままカジノに行き、不安な気持ちで勝負するのは避けること。

4つ 目標を定めよ

　負けの限度額を決めておくことは当然だが、勝ちの目標額も決めておくこと。時には目標額の8分目で引き上げる勇気を持とう。ゲームのテンポが焦って速くなってきたら危険信号だと察知して、負けたときは熱くならずにテーブルを離れること。

 ## 5つ 精神力を発揮せよ

　精神力とは、自制心と不屈の強さである。勝つか負けるかはフィフティーフィフティー。勝っても奢らず負けても冷静に、常にこころを落ち着かせて勝負に挑め。

 ## 6つ 地道に稼げ

　一攫千金を狙うより、地道に稼ぐことを考える。負けているときに限って一攫千金を狙って大勝負をして、負ける。大きく勝てば大きく負けることを忘れるな。

 ## 7つ ディーラーを味方につけよ

　カジノディーラーを味方につける。Tip（心づけ）をディーラーにあげることで、ディーラーがプレイヤーのペースに合わせてゲーム進行をしてあげたいと思うこともある。

CASINO CAFE へようこそ

カジノカフェは日本カジノスクール／株式会社ブライト直営の安心できるカジノエンターテインメント施設です。2018年7月に合法化した話題のカジノを、実際に体験してカジノの遊び方やルール、海外のカジノ事情までカジノディーラーの案内でお楽しみください。

◆アミューズメントカジノ◆
カジノヴィーナス
東京　台場

カジノの「遊び方」や「ルール」を教わりながら遊べるお台場のアミューズメントカジノ施設です。

　カジノのルールやマナーは本場カジノさながらのスキルを習得したカジノディーラーが親切丁寧にお教えしますのでカジノ未経験者から上級者まで気軽にゲームをお楽しみいただけます。

　「ルーレット」「ブラックジャック」「バカラ」「ポーカー（テキサスホールデム）」など、10種類以上のカジノゲームをご用意して、皆様のお越しをお待ちしております。

CASINO CAFE へようこそ

◆カジノカフェ◆
カジノカフェなんばマルイ
大阪 難波

カジノゲームのルールを教わりながら遊べる、大阪のアミューズメントカジノ施設です。

最大級のアミューズメントカジノ「カジノヴィーナス」の系列店として2018年5月12日GRAND OPENしました。

独特とされるカジノのルールからマナーまで「日本カジノスクール」を卒業した世界基準のディーラーが丁寧に説明いたしますので、カジノ未経験の方からカジノ上級者まで安心してお楽しみいただけます。

「ルーレット」「ブラックジャック」「バカラ」「テキサスホールデムポーカー」などのカジノゲームをご用意して皆様のご来店をお待ちしております。

¥500 割引券

店舗利用済チェック☐

【下記施設で利用可能です（2020年2月時点）】
カジノヴィーナス(東京 台場)/カジノカフェなんばマルイ(大阪 難波)/JCSホールデム(東京 新宿区)

他サービスとの併用の可否については、各店舗に直接お問い合わせください。

◆ポーカー教室◆
JCSホールデム
東京 新宿区

　日本初のカジノディーラー専門養成機関「日本カジノスクール」が運営する「テキサスホールデム」というポーカーゲームの遊び方を学べる教室です。

　初めての方には、ルールを一から丁寧にお教えする「初心者講習」もあります。まずはルールを講習で学び、その後トーナメントに参加して実践経験を積むことで、ポーカープレーヤーの「戦略」が身につきます。

　一度もやったことがない方、少しはやったことがあるけどルールはうろ覚え…という方、ぜひお越しください。また、トーナメントも開催していますので、腕試しをしたいという方もお待ちしております。

後 書 き

「人のやらない事をやる」というのが、私の子ども時代からの心情。大学の時、豪華客船上のカジノに出会って以来、人のやっていないカジノディーラーのとりこになりました。

日本のカジノ合法化を夢に描き、カジノの楽しさ、ならびにカジノで働く喜びを日本にも多くの方に広めたいとの思いから、2004年に日本で初となるカジノディーラー専門養成機関「日本カジノスクール」を設立しました。

今や話題の日本経済の将来に影響力を持つ、日本の統合型リゾートと共に実現するのが日本型カジノ。

カジノ合法化という「夢」は実現し、そこで活躍する優秀なカジノディーラーを育て、日本のみならず世界中の現場で活躍させるのが、また「人のやっていない事をやる」私の究極の目標になりました。

観光立国を目指すと舵切りをした日本政府は、2020東京オリンピックパラリンピックの次の大規模プロジェクトとして、全国の地方まで経済効果を及ぼすプランを遂行しています。世界中の人が羨む最高峰のIR&カジノを誕生させましょう。

大岩根 成悦
MASAYOSHI OIWANE

株式会社ブライト 代表取締役
日本カジノスクール 校長
日本カジノディーラーズ協会 専務理事
NPO法人日本ポーカー協会 理事

1970年生まれ　山口県岩国市出身

大学生時代の1991年に外航客船のカジノディーラー勤務を期に、カジノ業界に入る。
世界のカジノ観察から学んだカジノディーラー育成システムを国内に広めるため、2004年に日本初の本格的カジノディーラー専門養成機関「日本カジノスクール」を開校、校長に就任。

カジノディーラーを厳格に審査する「カジノディーラー資格認定試験」を実施して「日本カジノディーラーズ協会」、NPO法人「日本ポーカー協会」の理事を務める。
カジノ普及と啓発の尽力を評価され、2004年に、猪瀬直樹元東京都知事に次いで2人目の日本カジノ学会主催「カジノオブザイヤー」を受賞。2014年ウォールストリートジャーナル紙の第1面に「日本でのカジノ人材育成者」と紹介され、海外でも注目される。

これまでに「千葉県カジノMICE導入検討調査会有識者会議」委員を務めたほか、「佐世保商工会議所・ハウス

テンボス支援検討委員会」、「神奈川県議会観光振興統合リゾート議員連盟」などでの講演。

カジノ誘致を目指す地域で開催される「カジノ創設サミット」でのカジノレクチャー、「Jefferies & The Economist Expert Summit, Tokyo」、「東大カジノ研究会」などでのパネリスト、国会議員・プレス・著名人を招待してのカジノ啓発イベント「カジノ in お台場」の主催。

超党派ＩＲ議連の海外視察などにも同行し、ＩＲとカジノの啓発活動を行なう。

また、「ＮＨＫニュースウォッチ9」、日テレ「news every」、テレビ東京「ワールドビジネスサテライト」など多数のニュース・報道番組での取材インタビューやＮＨＫＢＳプレミアム「関口宏のそもそも」でのカジノレクチャー、ＴＢＳ「マツコの知らない世界」での"カジノの世界"解説、テレビ朝日「ビートたけしの TV タックル」、AbemaPrime「特集激論」でのカジノ討論など多くの TV、ラジオにも出演。

2019 年 10 月には、日本初開催となる「IRゲーミングEXPO2019」の企画協力・講演や、世界遺産登録を目指す"錦帯橋"がある岩国市の「観光プロモーション戦略協議会」委員となり、インバウンド増にむけた日本文化・観光の PR 活動なども行なう。

日本カジノスクール 国際ゲーミング学科 ガイド

2020年度募集コースの例

 ## カジノディーラーを目指すコース

カジノディーラー
総合コース《ディーリングと基礎知識を学ぶ》（東京校・大阪校）

	入学月	受講期間
短期集中3ヵ月	4月・7月・10月・1月	3ヵ月
6ヵ月	4月・10月	6ヵ月
1年	4月・10月 （一部7月/1月入学可能）	1年
オーダーメイド	4月・7月・10月・1月	3ヵ月〜1年

カジノディーラー
選択コース《学びたい科目を選択して学ぶ》（東京校・大阪校）

ルーレット専攻	4月・7月・10月・1月	3ヵ月
ブラックジャック専攻	4月・7月・10月・1月	3ヵ月
ミニバカラ専攻	4月・7月・10月・1月	3ヵ月
ポーカー専攻	4月・7月・10月・1月	3ヵ月
カジノ文化／カジノ英会話専攻	4月・7月・10月・1月	3ヵ月
カジノホスピタリティ専攻	4月・7月・10月・1月	3ヵ月

ディーリングと基礎知識に加え、さらにステップアップした
専門知識を学ぶコース

カジノスーパーバイザーコース（東京校）		
	入学月	受講期間
ディーラーの上のポジションである管理職「スーパーバイザー」の知識を学ぶコース	4月・10月	1年

カジノディーラー ESL コース（東京校・大阪校）		
国内、海外に関わらずカジノで働く上で必要とされる英語力を強化するコース	4月・10月	1年

トレーナーコース（東京校）		
ディーラーを指導するトレーナーに必要な知識を実践的に学ぶコース	4月・10月	1年

東京校

〒160-0006
東京都新宿区舟町 6-5 四谷 1484 ビル 2F
TEL:03-5363-0777　FAX:03-5363-0771
●東京メトロ丸ノ内線 四谷三丁目駅 4 番出口から徒歩 2 分
●都営地下鉄新宿線 曙橋駅 A1・A4 出口から徒歩 5 分
●JR 四谷駅・信濃町駅 徒歩 12 分

大阪校／心斎橋教室

〒542-0076
大阪府大阪市中央区難波 3 丁目 8-9
なんばマルイ 7F
TEL:06-6648-5500　FAX:06-6648-5530
●市営御堂筋線 なんば駅 1 番出口から徒歩 1 分
●市営千日前線 なんば駅 20 番出口から徒歩 3 分
●近鉄難波線 大阪難波駅 12 番出口から徒歩 3 分
●南海高野線 なんば駅 2F 中央出口から徒歩 4 分

Japanese Made ⅠR & CASINOを識って100倍楽しむ方法

> 本書編集の出展資料及び参考文献

American Gaming Association:State of the States2019―AGA
EUROPEAN CASINO ASSOCIATION
National Council on Problem Gamibling（NCPG）2014
Singapore Tourism Board
The AGA Survey of the commercial Casino Industry
UNLV Center for Gaming Research:Macau Gaming Summary
警視庁：警察白書統計資料 H26 年～ 30 年
週刊ホテルレストラン 2017 年
日経新聞
産経新聞
※本書は 2019 年 12 月現在の情報を基に編集しました。

発行日	2019 年 12 月 5 日（第 1 刷発行） 2020 年 2 月 27 日（第 2 刷発行）
著　者	大岩根 成悦　株式会社ブライト代表取締役 　　　　　　日本カジノスクール校長 　　　　　　日本カジノディーラーズ協会専務理事 　　　　　　NPO 法人日本ポーカー協会理事

制　作　株式会社エフジー武蔵
発　行　フジサンケイ ビジネスアイ（日本工業新聞社）
　　　　〒 100-8125　東京都千代田区大手町 1-7-2　東京サンケイビル 9 階
　　　　電話　03-3231 － 7111（代表）

発　売　株式会社エフジー武蔵
　　　　〒 156-0041　東京都世田谷区大原 2-17-6
　　　　電話　03-5300-5757

Printed in Japan
ISBN　978-4-86646-040-6

定価はカバーに表示しています。落丁、乱丁本はお取替え致します。本書の無断転載を禁じます。